生活因阅读而精彩

生活因阅读而精彩

言教、身教、境教

孩子最想让爸妈**说的话做的事**

毛华萍◎编著

中国华侨出版社

图书在版编目(CIP)数据

言教、身教、境教:孩子最想让爸妈说的话做的事 / 毛华萍编著.—北京:中国华侨出版社,2013.10

ISBN 978-7-5113-4158-7

Ⅰ.①言… Ⅱ.①毛… Ⅲ.①家庭教育

Ⅳ.①G78

中国版本图书馆 CIP 数据核字(2013)第244530 号

言教、身教、境教:孩子最想让爸妈说的话做的事

编　　著 / 毛华萍

责任编辑 / 文　筝

责任校对 / 孙　丽

经　　销 / 新华书店

开　　本 / 787 毫米×1092 毫米　1/16　印张/17　字数/208 千字

印　　刷 / 北京建泰印刷有限公司

版　　次 / 2013 年 12 月第 1 版　2013 年 12 月第 1 次印刷

书　　号 / ISBN 978-7-5113-4158-7

定　　价 / 32.00 元

中国华侨出版社　北京市朝阳区静安里 26 号通成达大厦 3 层　邮编:100028

法律顾问:陈鹰律师事务所

编辑部:(010)64443056　　64443979

发行部:(010)64443051　　传真:(010)64439708

网址:www.oveaschin.com

E-mail:oveaschin@sina.com

前言

　　教育孩子从来都不是件容易的事。面对成长中的孩子，身为家长到底该怎么做似乎成了每一位父母都备感头疼的问题。

　　尽管教育孩子是摆在父母们面前的难题，但是也并非无章可循。总结起来，家庭教育所蕴含的，无非是这三件事，即言教、身教和境教。只要父母做好这三件事，知道该对孩子怎么说，该在孩子面前怎么做，该给孩子提供怎样的内外部环境，我们的孩子便可以成长得很好，在未来的人生旅途中也能够取得令人刮目相看的成就。

　　我们知道，家庭是孩子生命的摇篮，也可以说是其人生的第一课堂，父母则是孩子的第一任教师。如果把孩子的成长比作一座大厦，那么构成其根基的，恰恰是父母在日常生活中潜移默化的言教、身教和境教的影响。

　　马云如是说："不要多说教，说多了就没人听你的了。孩子永远是打败父亲的，绝大部分年轻人会超越我们，而我们当中的绝大多数超越了父辈。我们留给孩子三样东西，品德、身体、教育。"

苏联著名的教育家苏霍姆林斯基说过："对孩子良好的教育一定要建立在良好的家庭教育基础之上。"

说到底，为人父母者其实就是怀揣梦想和责任，把孩子的生命带到远方的人。

带着这样的寄托和愿景，笔者编写了本书。书中没有空泛的理论知识，没有长篇大论的说教，只有细微、简单的阐释。在书中，我们会和你一起来分析：跟孩子相处，什么是你有必要说的，有必要做的；什么是你不能说的，不能做的。分析过后，你会知道自己应该怎样说，怎样做。

本书通过列举家庭教育的诸多细节，为父母们提供了非常直观且极具操作性的参考，提醒父母在家庭教育中容易犯的错误，使父母们避开一些长期以来理所当然的误区。通过这些细节，父母们能够学到很多充满智慧而且卓有成效的教育方法，与孩子共同成长。与此同时，你会感到豁然开朗：原来，教育孩子，可以这么简单！

请相信，书中的三大方面，六堂课，将给你的孩子一生的养分。可以说，它是每一位成功父母的教子指南，是每一位优秀父母的育儿心经，是每一个孩子获益匪浅的成长礼物！

目 录
CONTENTS

上篇　言教的要点与方法

第一章　这些话一定要对孩子说

第二章　这些话一定不要对孩子说

中篇　身教的要点与方法

第三章　这些事你一定要以身作则

第四章 04　这些事你一定不要当着孩子的面做

下篇 境教的要点与方法

第五章 05 家庭环境给孩子的正负能量

第六章 06 外在世界给孩子的正负影响

上篇 | 言教的要点与方法

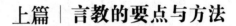

父母的话语，无不对孩子的成长有着潜移默化的影响。

父母的言辞、语调及说话时的情绪，

都会让他们听在耳中，看在眼里，记在心上。

因此，在孩子面前，父母说什么，怎么说，都是至关重要的学问。

要想让孩子健康成长，成功成才，

父母就极有必要掌握言教的要点与方法。

第一章
这些话一定要对孩子说

教育也是一种交流，主体是父母和孩子。我们期待孩子有怎样的表现，有怎样的品格和行为，那么就要用孩子能接受的、喜欢接受的方式和言辞来传达给他。为了让孩子少走成长中的弯路，我们就要用这样的方式把一些话说给孩子听，让孩子欣然接受并顺利吸收。

你有属于你自己的优势

孩子在成长的过程当中总有一个比较敏感的年龄，在这个阶段，如果家长说了不该说的话，那么就会对孩子产生很大的负面影响。像是"为什么别人能行，你就不行呢"这样的话都会深深地打击孩子。反过来说，如果家长在这个阶段能够说一些激励孩子的话，那么孩子可能就有了勇往直前的勇气。

不要小看语言的力量，尤其是父母的话，往往会对孩子产生巨大的作用，或是积极的，或是消极的。相信没有家长是为了否定孩子而教育他的，那么就应该用积极的方式告诉孩子，每个人都有属于自己的优势。

　　丽丽和莎莎这两个女孩不同，丽丽学习一直都是班级的前三名，而莎莎则成绩一般。但是让人想不到的是，学习成绩好的丽丽总是闷闷不乐，而学习成绩很普通的莎莎则每天都嘻嘻哈哈的，非常快乐。

　　两个孩子的差别之所以这样大，和两个家庭的教育有很大的关系。下面就是学校期中考试之后两个家庭当中的常见场景。

　　丽丽这次考了班级的第三名，她闷闷不乐地拿着成绩单回到家中，妈妈坐在沙发上用期待的眼神看着她。丽丽不情愿地挪到妈妈身边，拿出了成绩单。看到女儿考了第三名，妈妈的脸马上拉了下来，就如丽丽预想中的那样，妈妈开始数落她了："你看看你的成绩，上次考了第一名，这次一下后退了两个名次，你说说你是怎么回事啊？"

　　丽丽小声地叨咕："莎莎考了第20名她妈妈都没有说她。"这话让丽丽的妈妈听到了，她更生气了，大声地训斥女儿："你就会跟比你差的人比！你说说你有什么可自豪的啊？说人家莎莎不如你？你怎么不看看她美术、音乐有多少特长啊？你什么都做不来，就连学习都弄不好，我看你就是笨！"丽丽听了伤心地哭了。

　　同一时间，莎莎正在家里复习功课。这次她考了全班第20名，比上次后退了几名。本来她很失落，尤其看到丽丽的成绩，她很难找到心理的平衡。但是妈妈对她说："你这次是为什么退步呢？一定有原因的，我们一起来看看是不是学习中有什么困难。不要这么看重成绩，它只是为了让你查漏补缺而已。再说了，一次成绩并不代表什么，你之所以没有丽丽成绩好，是因为你用更多的时间在学美术、音乐上。所以你在这两方面比她强不是吗？"每次听了妈妈的安慰，莎莎都能以最快的速度恢复精神，然后专心致志地复习功课。

以常人的眼光来看，丽丽无疑要比莎莎优秀一些，但是丽丽却觉得自己不如莎莎，是什么原因造成了丽丽的自卑呢？很显然，她母亲的态度占了很大部分原因。在孩子的成长过程当中，家长的态度对孩子的影响是非常大的，如果像丽丽的妈妈那样，孩子很难一直优秀下去，还会被深深的自卑感笼罩。

每个人都有优点和缺点，如果只着眼于孩子的缺陷，那么孩子也会只看到自己的弱项。对于成长当中的孩子来说，最重要的是让他拥有自信，所以家长应该着眼于孩子的优势，就像莎莎妈妈那样，让孩子发挥自己的所长，并有自信面对自己的缺点与不足，让孩子拥有他独一无二的"第一"。

1. 细微之处找到孩子的优势

如果问到孩子的优点，有的家长或许要思考好一阵子，尤其是那些习惯于批评孩子的家长，在他们的眼中，孩子总是有各种各样的缺点。如果你真是这样的一个家长的话，那么你应该反省了。没有一无是处的孩子，每个孩子都有自己的优点，而他们的这些优点或许并不明显，需要家长的发现，并帮助孩子发扬光大。

小哲的妈妈有一次去听了教育专家的讲座，回来后她若有所思，自己竟然不知道孩子有什么优点。第二天，小哲的妈妈开始了"小哲的观察日记"。经过一段时间的观察，妈妈觉得以前的自己真是太不了解孩子了。原来小哲虽然学习成绩不够好，但他是个非常有耐心的孩子，做事也非常细心，尤其在画画方面，小哲有着一定的天赋。发现了之后，小哲妈妈开始鼓励小哲画画，并时常夸奖他，小哲也越来越喜欢画画了。

孩子正在成长当中，他的很多优点不明显是正常的，所以才需要家长发现，帮助孩子发展自己的特长。要想让孩子发展自己的优势，相信自己，那么就应该让孩子先知道自己的优势在哪里，这样孩子才能朝着一个既定方向努力。

2. 孩子是一个独立的个体

孩子有一颗敏感而脆弱的心，就如玻璃一般，所以家长应该给予保护。对于孩子而言，最忌讳的就是父母拿自己和其他的孩子相比较，而这件事恰恰是很多父母喜欢做的。其实这样并不好，虽然父母这样意在激励孩子，但事实上很有可能起到反作用。所以不要总是拿孩子互相比较，让自己的孩子生活在其他孩子的影子当中，要让孩子抬起头来，自信一些，让他相信自己有无可比拟的优势，那才是孩子最真实的个性。

3. 多鼓励，少批评

鼓励是孩子成长当中最需要的，无论是成功还是失败，家长都不应该忘了鼓励自己的孩子。举例来说，如果孩子成功了，而家长反应冷淡的话，那么孩子受不到鼓舞，会认为自己努力得来的成绩非常普通，可能会打击到孩子的自信；如果孩子失败了，家长只是批评孩子，也不一定能起到最理想的效果。所以收起那些伤害孩子的语言吧，多鼓励鼓励孩子，让他知道自己只要努力，一定能够有所收获。

对于孩子来说，鼓励没有最多，只有更多。也许你的孩子还没有发现自己的优势，但是他会听，会判断，从你的鼓励里，他会筛选出自己最得心应手的事情来做，因为他有自信在这件事上可以做到最好。

4. 让孩子重拾信心

孩子在成长的过程当中遇到挫折是再正常不过的事情了，家长应该要让孩子学会在挫折当中汲取经验教训，勇往直前。想要让孩子做到这点，就需要家长的帮助了，毕竟孩子的情商还在成长当中，家长要及时帮孩子进行心理疏导，让孩子学会自我激励。比如给孩子讲一些名人成功的故事，或者自己的亲身经历，等等。或者，家长也可以从其他方面给孩子创造一些体验成功的机会，让孩子从中获取信心。

如果你有兴趣，当然可以尝试一下

对于每个人来说，兴趣才是最好的老师。

学习不感兴趣的事情，不但浪费精力、浪费时间，还无法达到预期中的效果，可谓是事倍功半。而如果满怀兴致地去学习一项自己感兴趣的知识，相信任何人都会全力以赴、尽善尽美地完成，因为这是一种可以让人"上瘾"的事情。

所以，不要再逼你的孩子去学他无论如何都没有感觉的舞蹈了，也不要再延续你的孩子在画室里漫无边际地惆怅和迷茫了，放开手，让他去做自己想做的，给他选择的自由，你会发现，不仅使他的拓展能力和创新能力在学习中不断地提高，并且他逐渐成为一个可塑性很强的孩子了。

现在很多家长为了不让孩子输在"起跑线"上，给孩子报了很多特长班和培训班，甜甜的妈妈也不例外。她为了培养女儿的气质，替甜甜报名参加了少年宫的芭蕾舞培训班。每周末，甜甜都要抽出一天时间来，去少年宫接受所谓的芭蕾舞培训。

对于这项会占用周末休息时间的活动，甜甜一点都不感兴趣。她告诉妈妈，自己一点也不喜欢芭蕾舞，更对学习这个东西没兴趣，她只想在周末的时候和小伙伴们一起出去好好玩一下。

妈妈告诉甜甜："妈妈相信，兴趣是最好的老师,既然你对芭蕾不感兴趣，那么就不用去学了。你看怎么样呢?"

听说可以不用再去学习芭蕾，甜甜自然是十分高兴，她终于又有时间可以和朋友们尽情玩耍了。

但是，妈妈并没有放弃让甜甜学习特长的想法，她开始有意地在家放一些经典的芭蕾舞剧，在给甜甜讲故事的时候，也开始加入一些关于芭蕾舞的故事，那些美丽的身影经常会吸引甜甜的注意力，那些美丽的故事也让甜甜每每为此着迷。

一个月后的一天，甜甜突然问妈妈："妈妈，芭蕾舞真好看，我好像有点喜欢上芭蕾了，你可以送我去学吗?"甜甜妈妈并没有立刻答应甜甜的要求，她问甜甜："学芭蕾很苦的，你能坚持下来吗? 如果不能就不要学了，很浪费时间的，你不如用那些时间去玩。"

但是这次甜甜并没有放弃，她缠着妈妈，让妈妈送自己去学习芭蕾。几天之后，妈妈终于同意了甜甜的要求，又一次送甜甜去了少年宫的芭蕾舞培训班。这次甜甜可认真了，进步很快，再也没出现过偷懒的现象。

没有兴趣，一切都是枉然，孩子自控能力不佳，更难坚持，所以比起培养孩子的各种能力，优先培养的应该是孩子的各种兴趣。不过在这里家长应该注意，培养的是孩子的兴趣，而非家长的兴趣，所以家长要告诉孩子，如果是他喜欢的，那么就可以去尝试，而不是逼迫孩子去做些什么。

只有孩子喜欢，他才会愿意为之付出努力，歌德曾经说过："哪里没有兴趣，哪里就没有记忆。"一个孩子对某样好奇的东西产生兴趣，那是再自然不过的事情。

如果你的孩子喜欢跳舞，可是她偏偏没有曼妙的身姿，难道仅仅因为这样你就劝她打消这个念头吗？如果你的孩子喜欢钢琴，可是他偏偏没有修长的手指，难道仅仅因为这样你就可以理直气壮地拒绝他要学琴的请求了吗？如果你的孩子喜欢画画，但是在他身上偏偏没让你感受到那种特有的艺术特质，难道仅仅因为这样你就可以武断地表示你的态度："哦，看看你的样子，你根本不是学那个的料啊。"

其实，每一个孩子都是如此。或许他不会有哪个伟人那样巨大的成就，但是，如果父母能够给予孩子体验的机会，那么他的潜能将会得到最大程度的挖掘。

要知道，不管什么时候，你的孩子都不是一无是处，给他尝试的机会，才能知道你的孩子能够飞多高。每一个孩子都有一双飞翔的翅膀，我们没有理由拒绝他们飞翔，只有让他们尝试了，才能在多年之后，发现孩子已经不知不觉地长成了"那块料"。

那么，对待孩子的兴趣，家长应该怎样做呢？

1. 不要总是对孩子伸出援手

其实，有时孩子自己也不知道自己的兴趣爱好是什么，因为成长中的他们好奇的东西太多了，这就需要家长去发现、挖掘，再加以引导。

具体来说，就是让孩子自己解决问题，从这个过程当中让孩子发现乐趣，也能提高自学能力。家长要记住，就算孩子主动求助的时候也不要马上帮忙，因为这样很容易让孩子出现依赖心理，很容易失去学习兴趣。

宋华的兴趣若有似无，他虽然看起来对什么都有兴趣，但观察一段时间就发现他又似乎没什么兴趣了，因为他从来没有为自己的兴趣作出过任何的努力，自然难以维持。因为宋华是家中的独子，所以只要看他对什么感兴趣，父母就会第一时间给予解答帮助。渐渐地，宋华对什么东西的兴趣都不明显了，更别说尝试了。

家长如果发现孩子对某个问题感兴趣的话，那么就不要帮助他，因为在兴趣面前人们都会有一种钻研的本能，即便困难重重，孩子也会尽可能地去完成。

2. 不要打扰专心的孩子

成长中的孩子总是会对周围的一切充满好奇心，有时家长会发现孩子很专注地做某件事情，实际上这是他们发现自己兴趣的绝佳机会，家长一定不能打扰孩子，因为这个时候孩子可能仅仅是萌生了一种好奇，如果家长中途打断的话，也就打断了孩子的思维，还会让孩子产生不满情绪。

另外，即便孩子有时做一些家长觉得很无聊的事，也不要轻易打断他。每个孩子都有自己的视角，都有自己的小世界，也许孩子可以在你所谓的无聊事中找到自己的兴趣点。所以家长最好不要横加干涉，不如在孩子专心致志地做事时多观察观察孩子，找到他的兴趣。

3. 要用欣赏的眼光看孩子

对于孩子来说，兴趣是尝试的前提条件，但这并非是他的动力，孩子有时踏出第一步时会缺少勇气，这就需要家长的鼓励。不管什么时候，家长都应该用欣赏的眼光看待自己的孩子，找到他的闪光点，这样，孩子才能有勇气迈出尝试的第一步。

要记住，只要孩子有兴趣，那么就有成功的可能。不要在起初就打击孩子，比如孩子喜欢画画，即便画得不好，家长也不能说"你画得真难看"或是"你真不适合画画"，这样会打消孩子的积极性。

每个孩子都有与众不同的地方，每个孩子也都有不同的爱好，家长不要跟风，看见别的孩子喜欢美术、音乐觉得有艺术气息，自己的孩子喜欢体育就是没有前途。要让孩子知道，你永远支持他，这样，孩子在感兴趣的事情面前才能迈开尝试的脚步。

孩子，请你再坚持一下

所有成功人士都有这样一种共同属性：坚持。可以说，不能坚持的人，是很难实现自己的目标的，哪怕这个目标很小，哪怕他还只是个孩子。

然而在现实中，能够坚持的孩子又有几个？很多父母总感觉自己的孩子做事缺乏计划性，想什么时候做就什么时候做，想什么时候放弃就什么时候放弃。为此，父母们深感无奈，到底怎样才能培养和锻炼孩子的坚持性？

父母们没有想到，其实让孩子学会坚持的方法很简单，那就是鼓励。当孩子遭遇失败，甚至是屡战屡败的时候，父母应该对孩子说一句："坚持一下，成功就在前面等你呢！"这样一来，孩子感受到成功性的暗示，以此激励自己做出成绩，让父母，同时也是让自己看到：原来只要再坚持一步，成功就会手到擒来！

一天，韩刚的妈妈下班回家后，一把抓住儿子，严厉地问道："今天你们英语老师给我打电话了，说你一连好几天没做英语作业了，怎么回事？"

韩刚站在原地，低着头默不作声。于是妈妈继续问道："说出你不做作业的理由来，如果你的理由能够说服妈妈，妈妈就可以原谅你。"

瞬间，韩刚的眼睛红了，鼻子一抽，眼泪扑簌簌流了下来。他低着头说："英语让我头痛，我一点也不喜欢，尤其是记单词、念音标，我每次都记不住，也总是念错。我对英语不感兴趣，我不想学英语，所以我就不做作业。"

韩刚的一番话让妈妈感到很诧异，她没想到从小语文数学都名列前茅的儿子，现在居然对英语产生了如此恐惧的情绪。平静了一下情绪，妈妈对韩刚说："当年妈妈学英语的时候，也出现过类似的问题，念句子和课文没多大问题，可就是记不住单词，音标也总是弄错。但后来妈妈坚持多读多念，居然学得像模像样了。妈妈觉得，可能是你刚接触英语，而音标和单词与汉语拼音在某些程度上既类似又冲突，可能是让你产生了混淆的感觉。所以，妈妈相信，只要你再坚持一下，学英语的时候把拼音全部忘掉，那么你会逐渐对单词和音标感兴趣的。"

听完妈妈的话，韩刚依旧毫无底气地说："可是我行吗？"

妈妈看着韩刚眼睛中流露出的怀疑，便肯定地说道："不信你就再试一次，也许成功就在前面等你呢！你告诉妈妈，你希不希望自己把单词和音标学会学好，不拉自己后腿？"

"嗯，当然了！"

"那咱们就再坚持一下！妈妈相信，这点困难肯定难不倒你的！"

韩刚听完妈妈的话，坚定地说："好，那我就再努力试一次看看！"

从那以后，韩刚对音标和单词的学习焕发出了前所未有的激情，就是在课堂上，也敢积极举手回答问题，老师每天留的作业，他也再没有落下过。到了学期末，韩刚的英语成绩提高到了93分。尽管离满分还有距离，可是韩刚已经明白：只要自己继续努力，那么音标和单词迟早会被自己轻松拿下！

"再坚持一下！妈妈相信，这点困难肯定难不倒你的！"正是妈妈对韩刚说出的这句话，让韩刚重拾了学习英语单词和音标的信心。其实对孩子来讲，这种鼓励和支持是父母给予孩子的最有力的告白："孩子，坚持一下，你会做好的。"这样，孩子就能体会到"成功一定会实现"的暗示，学习的兴趣和动力自然会迅速提升。

所以，当孩子遭遇一次又一次的失败，并为此一蹶不振而不愿再坚持的时候，父母应当提供尽可能的帮助，多让他看一看成功的可能性。当孩子意识到自己离成功不远，那么就能从挫折中走出。即使孩子资质差些，过去的表现不够好，性格上有弱点，那也应给予孩子积极的暗示，这样才能让孩子摆脱困境。

当然，除了鼓励之外，我们还可以通过以下几点来培养孩子坚持的毅力。

1. 要让孩子知道坚持不懈是很重要的

在日常生活和学习的过程中，父母要时不时地告诉孩子，只有坚持才能取得胜利，只有坚持才能获得成功。如果发现孩子有坚持做某件有意义的事的习惯，父母要及时给予鼓励，并督促孩子把每一件事都做完、做好。只有让孩子对"坚持就是胜利"这样的语言有了深刻的印象，再遇到挫折时他才会爆发潜力，从而坚持到底。

2. 培养孩子做事的计划意识

父母需要认识到，培养孩子坚持不懈的精神，并不是一蹴而就的，而是一个循序渐进的过程。起初，由于孩子还没有充分计划的意识，这时候家长可以提供适当的帮助，例如如何将卧室收拾干净，第一步该做什么；待孩子有了一定的计划意识后，父母轻易不用再提供帮助了，就可以逐渐让孩子自己安排自己的事情。当然，父母需要对孩子进行观察，倘若发现他有不适当的环节应及时提醒，以免孩子走了弯路导致心情浮躁，结果破罐子破摔。

3. 要提高完成某一任务的信心

由于心智尚不成熟，孩子常常会在困难面前泄气，这就需要家长帮助他学会克服困难，提高完成某项任务的信心。同时需要注意的是，在交给孩子一项任务时，要尽可能地将任务交代具体，并顺便提醒他在完成任务的过程中可能会遇到的困难。这会让孩子心理上有充分的准备，而且父母还可以再教给孩子一些克服困难的方法，使孩子做到心中有数，这样孩子就会增强完成任务的信心和勇气。

4. 在原则问题上绝不让步

任何一种好习惯的养成都不是一日之功，而是一项长期艰巨的任务。坚持不懈的精神品质同样如此。在这个过程中，父母切不可一时心软就对孩子轻易作出让步，要知道这种让步有了第一次就有第二次，长此以往，所谓坚持不懈就会变成一句空话。例如要求孩子独立完成对自行车的修理，那么就不能允许他在尚未完成时去嬉戏。父母可以明确告诉他："你当然有玩耍的权利，但这一切都是建立在修理完自行车的基础上！"

教育孩子，本身就不是一件轻松的事情。所以，父母万万不可在这个过程中敷衍对待。也许你的敷衍，会导致一个总爱半途而废的孩子出现；但你的认真，就会造就一个永不言败的小勇士！

每个人都是上帝咬过的苹果

一些孩子天性中就带有追求完美的成分，他们害怕犯错，担心做不好。当真的发生错误时，他们就会自怨自艾，觉得自己好笨。对于这样的孩子，父母亟须引导，否则长期下来，孩子会因为这种追求完美的心理而阻碍健康地成长。

我们都听过"金无足赤，人无完人"这句话，它是在告诫我们：在这个世界上，不存在十全十美的事物，也没有完美的人。是的，再优秀的人也会有缺点、犯错误，也会有面对失败与挫折的时候。而对于孩子们来说，因为年纪小、阅历浅、心智尚未成熟，他们往往不能正确地看待学习生活中的失败与挫折。为此，做父母的应尽力引导孩子能够正确看待生活中的挫折和失败，并适时地鼓励孩子，让孩子学会接受自己的"不完美"。

烁烁是第五小组的值日生，也就是周五这天需要做值日。这天，轮到烁烁了，在放学临走前，班主任李老师叮嘱说："今天第五小组的同学打扫完卫生后，记得把教室的窗户和门关好。"为了赶回家看6点播放的《奥特曼》，烁烁匆匆忙忙地打扫完卫生就背着书包往家跑。

两天之后的星期一一早，烁烁刚走到教室门口，就听见李老师在教室里询问："星期五是谁值日的？""是我，李老师。"烁烁站在门口，不知道发生了什么事情。"周五临放学前，我不是提醒你走前关窗户的吗？"李老师质问烁烁。这时候，烁烁才突然想起来，因为那天急着赶回家看电视，自己打扫完卫生忘关窗户了。

"周六刮风，撞碎了好几块玻璃。这周的教室卫生都由你来负责！"李老师宣布完惩罚结果，走出教室，剩下烁烁一个人低着头站在原地。放学回家后，烁烁妈妈看儿子闷闷不乐地把自己关在房间，也不出来看电视，有些担心："烁烁怎么了？谁惹你不高兴了？"

烁烁把今天在学校发生的事情一五一十地告诉了妈妈，烁烁妈妈听后不但没有指责儿子的粗心大意，反而安慰他道："别难受，咱们认真汲取这次的教训，下次做事细心点就是了。""我真没用，连这么简单的事情都做不好！"烁烁非常沮丧，没了一点自信。"傻孩子，谁都会有因为粗心犯错误的时候，爸爸妈妈也犯过这样的错误呢。"烁烁妈妈表示对儿子的理解。"真的吗？"烁烁对妈妈的话将信将疑。"嗯，只要烁烁知错能改就是个好孩子！"烁烁妈妈鼓励着儿子。烁烁听了妈妈的话，终于露出了放心的笑容："那我以后一定注意，再也不犯这种粗心的错误了。"

很多孩子就像故事中的烁烁一样，对于自己所犯的错误，会耿耿于怀，甚至否定自己。如果不是妈妈的及时安慰和鼓励，估计烁烁会生活在这件事的阴影里，整天埋怨自己什么事都做不好，自信心也会随之一点点地蒸发……

父母们要知道，孩子天性敏感，他们对自己的成败得失也看得比较重。但是我们更要知道，人生道路上，失败和挫折是不可避免的，如何来引导他们正确看待失败、面对挫折，是家长们虽然头疼但也必须要面对的问题。

要让孩子认识到，失败和挫折在人生的道路上是不可避免的。告诉孩子在人的一生中，会有成功的喜悦，同样也会有失败的遭遇，让孩子在思想上有一个准备，明白失败是普遍存在的。这样，孩子今后就算遇到失败，心理上也相对容易承受，失败带来的损失也会降到最小。

1. 防止孩子出现失败的消极态度，避免产生连锁反应

有的孩子遭受一点失败，遇到一点挫折，就自卑、沮丧、消极，从此一蹶不振，甚至失去生活下去的勇气和信心。在这种情况下，父母绝不能责怪孩子，对他进行冷嘲热讽，而是要安慰他、鼓励他、支持他。

比如孩子考试没考好，父母可以告诉他："这次你已经努力了，考不好只是偶然的，只要努力，爸爸妈妈相信你下次肯定会考得好。"孩子受到小朋友的冷落时，父母最好敞开自己温暖的怀抱，对孩子说："谁都有可能失去朋友，但是只要把自己做好，自然会拥有朋友的，在没有朋友的日子里，还有爸爸妈妈这两个一直爱你的大朋友呢！"这样，孩子就不会把注意力放在那些无谓的感叹上，从而可以用积极的态度面对失败，重新振奋勇气和信心。

2. 引导孩子正确看待不完美，从中获取战胜困难的力量

著名的金融投资家索罗斯把"接受不完美"作为其人生的哲学理念。索罗斯认为，不完美是人性的一部分，我们在失败和失误面前，不能抱有消极的态度。他说："对我来说，承认自己的错误是一种骄傲，一旦我们认识到理解上的不足是人类的先天性特征，犯错就没有耻辱可言，耻辱的只是不能纠正错误。"

教育孩子也一样，父母要引导孩子把经验和教训看作宝贵的、扎实的礼物，因为这些都是他用沉重的代价换来的。只有总结出失败的教训，才能让自己增长经验、磨炼意志，为将来的胜利打下基础。

宽容别人的同时，也善待了自己

宽容是一种美德，是做人的一种风度和境界。宽容能使人性情和蔼，能使人心灵有回旋的余地，能使人消除许多无谓的矛盾，化干戈为玉帛。宽容的人，时时处处都会受到人们的拥戴，因此，他们能够处理好各种人际关系，能够很快地适应各种不同的环境，能够融洽地与人相处，并且自己时常保持在一种乐观开朗的状态。

一个家庭，多一些宽容才能圆圆满满；一对恋人，多一些宽容才能长长久久；同样，一个孩子，多一些宽容，成长中才能快快乐乐。宽容带给孩子的将是大海一样的胸怀，阳光一样的性格。所以，为了孩子能健康地成长，关于宽容的教育是必不可少的。

一位老师曾经讲过这样一个故事。

很多年前，我曾应聘过一家非常不错的幼儿培训机构，待遇的优厚令我十分珍惜这个难得的工作机会。

记得那是上班的第一天，兴奋、紧张一直充斥着我的大脑，我心里想着，一定要好好表现。在主任的指导下，我很快便熟悉了流程。那天下午刚好赶上孩子们网球课训练回来，主任说："大概的工作你已经了解了，那么先从负责孩子们换衣服开始吧。"说完就把 16 个唧唧喳喳的小孩交给了我。看着他们一个个并不熟练地脱下运动服，换上自己的衣服，又一个个走到大厅，我便锁上了更衣室的门。孩子们陆续被接走了，看看签到名单，还有两个孩子未被接走，可是我忽然意识到，大厅里等待的却只有一个孩子。我的心一下子提了上来，一路跑回更衣室，刚打开更衣室的门就听到一个小男孩正在大声哭泣。不管我怎么哄劝，他都止不住地哭泣。内疚自责的我心里想：自己怎么这么粗心，第一天上班就出这种状况。

不久男孩的妈妈赶到了，看着哭得惨兮兮的儿子，她不免有些着急："出了什么事？"我据实回答了自己所犯的错误，并真诚地道了歉。但是我想，如果我是孩子的家长，肯定会把工作人员大骂一顿，因为疏忽，孩子饱受惊吓。但令我没想到的是，男孩的妈妈蹲下来安慰着儿子说："已经没事了，那位姐姐因为找你也很紧张和害怕。学会原谅别人，才是真正的男子汉，去亲一下姐姐作为安慰吧。"男孩止住了哭声，慢慢地走到我身边踮起脚尖亲了我的脸颊一下就跑回了妈妈身边。感动、意外让我久久地僵在了那里，我已经做好了接受任何责备言语的准备，但唯一没想到的却是宽容。

对于孩子来说，有时家长的一句话就能改变他，像事例中的母亲那样，她告诉了孩子应该宽容，孩子就听从了她的教育，宽恕了那个犯了错误的老师。同样的道理，如果家长心胸狭隘，批评老师，那么孩子就会认定老师所犯的错不可原谅，对人也就不会宽容。

孩子从接触世界开始，就开始了漫长的学习。对于人类而言，都有一种自我保护的本能，当自身利益受到损害的时候，总会本能地愤怒、还击，这是一种作为动物的本能。但是，我们人类是一种高级动物，能够自控。当然，孩子还没有这种能力，所以需要家长的帮助。

狭隘对于孩子来说没有什么好处，毕竟有一天他会进入社会。从自身而言，我们喜欢和那些宽容的人交往，内心狭隘的人我们自然避而远之。相信没有一位家长希望自己的孩子成为这样的人，那么家长就应该告诉孩子宽容的重要性。

1. 父母为孩子树立榜样

孩子的宽容之心最主要的来源就是父母。孩子最初是从父母那里学习待人接物的方式的。父母宽容、大度、遇事不斤斤计较，与邻里、同事之间融洽相处，孩子就会学着父母的样子处理同学之间的关系，也会变得宽容、好善、乐于与人相处。

川川是一个爱斤斤计较的男孩子，同学们都不愿意和他玩。为此，川川的妈妈不知道说了他多少次，但是效果都不好。有一次，川川又因为和同学闹不痛快而被妈妈说了，妈妈批评他太小气的时候，川川回嘴说："那你呢？你还不是一样，我那天都听到了，王阿姨得罪了你，你说你永远都不原谅她。"听了川川的话，川川妈妈哑口无言了。

孩子会记得父母说过的很多话，所以在言行方面家长要特别注意。只有家长起到了表率作用，孩子才会真正理解宽容的含义。

2. 教会孩子换位思考

所谓换位思考，就是指当双方产生矛盾时，能够站在对方的角度上思考问题，思考对方为何会如此行事、如此说话。如果真的能够做到这一点，那么就能够理解对方，从而减少很多不必要的矛盾。

许多孩子只习惯于从自己的角度思考问题，而不习惯于站在别人的角度上思考问题。要消除这种现象，办法就是换位思考。处理生活中的问题时，如果能够"心理换位"，站在对方的位置思考，能够设身处地地多为对方设想，那么生活中的许多矛盾就都容易化解了。

凯凯和朋友吵架了，两个人关系很好，但是吵得很厉害，现在两个人骑虎难下，谁也不愿意低头。知道这个情况后，凯凯的妈妈劝凯凯先低头。凯凯说出了自己的感觉，他说："其实我也很想和他和好，可是我就是说服不了我自己，要怎样才能原谅他。"妈妈听后笑了，然后对凯凯说："你既然这么了解朋友，那么为什么不站在他的立场上想想看呢？"凯凯思考了一会儿后笑了，对妈妈说："我想我找到原谅他的理由了。"

互相理解是交往当中非常重要的事情，孩子很单纯，喜欢就是喜欢，讨厌就是讨厌，他们无法逼迫自己掩盖自己的感觉。所以，家长如果真的想让孩子学会宽容的话，那么就要引导孩子学会方法。换位思考很重要，这样有助于孩子理解他人，同时也学会了宽容。

3. 让孩子多交朋友

一个人的时候难说宽容，只有在和他人交往的过程当中，孩子才能真正理解什么是宽容。单纯地说教往往不如让孩子设身处地地去体会，所以家长应该鼓励孩子广交朋友。另外，在和他人的相处当中，孩子也能渐渐学会分享、竞争，对孩子的成长好处很多。

4. 告诉孩子宽容的益处

有时孩子不懂宽容为何物，主要是不知道宽容对自己有什么"好处"，而家长就应该培养孩子正确的人生观、价值观。

家长要让孩子看轻物质和利益，学会淡然，少一些虚荣，也就少了一些忌妒，这样才能拥有宽广的胸怀。同时，也要让孩子明白"吃亏是福"，要让孩子知道困在情绪当中是对自己的折磨，宽容他人的同时也是善待自己。

不要总将自己的孩子看得太小，他们正处于学习和认识阶段，正是人生观、价值观养成的时期，所以家长更应该把握时机，将孩子应该懂得的道理告诉他们。

学会尊重他人，才能得到别人的尊重

"只有尊重别人，才能得到别人的尊重"，这是一句放之四海而皆准的至理真言。关于这个问题，古代富有远见的名人们也不约而同地达成了共识。

早在两千多年前，古希腊哲学家亚里士多德就曾教导他的门徒说："你想要别人怎么对待你，就得先怎样对待别人。"而我国伟大的思想家孔夫子也曾这样教育自己的弟子："己欲达而达人，己欲立而立人。"同样的道理，如果你想得到别人的尊重，就要先学会尊重别人。

当然这个规则不只适用于成年人，孩子们也是一样。对于孩子们而言，自尊心是非常重要的一部分，如果有人伤及了他们的自尊，那么即便不情愿，他们也会给予反击。另外，很多孩子都可能无意识地说出伤人的话，所以家长更应该提早告诉孩子，要想获得别人的尊重，就要懂得尊重他人。

小志是个淘气的小男孩。

有一天放学回到家，小志妈妈看儿子今天一改往常的横冲直撞、大喊大叫，低着头径直回到了自己的卧室，一副垂头丧气的样子，像一只斗败的公鸡。

看到儿子这一系列反常的行为，小志妈妈疑惑不解，走到小志身边关切地问："儿子，发生什么事啦，这么不高兴，和妈妈说说吧。"小志对妈妈的询问无动于衷，反而将小脑袋垂得更低了。小志妈妈见儿子一声不吭，心里有些着急，伸手想摸摸小志的脸，突然发现小志左脸上有好几道被指甲抓过的伤痕，还留下血印子。"儿子，到底怎么了，和同学打架了？快告诉妈妈啊。"小志妈妈非常心疼地摸着儿子的伤痕。在小志妈妈再三地追问下，小志终于把事情的原委一五一十地告诉了妈妈。

事情是这样的，小志有个同班同学叫马强。马强在全班男同学里面个子最矮，也是最胖的一个，走起路来一摇一晃的。于是，小志就给马强取了一个外号叫"矮冬瓜"。只要一看见马强，小志就大声叫着他的绰号来取笑他，"矮冬瓜"这个名字也在班级里流传开来。今天放学路上，小志又一个劲地在马强后面喊着他那滑稽的外号，引来许多路人的侧目。马强终于忍无可忍，跑到小志面前一把将他推倒在地。小志也毫不示弱，两个人在放学路上扭打起来。

小志妈妈听儿子说完事情的经过后，轻声地对小志说："儿子，给别人起外号是非常不对的，你知道这是不尊重别人的表现吗？"小志知错地点了点头。"如果有同学也给你起个外号来嘲笑你，你会高兴吗？"小志默不作声地摇了摇头。"既然这样，你以后要注意，再也不要给别人取外号了。要知道，你只有尊重别人，才能得到别人的尊重。"小志很懂事地对妈妈说："妈妈我错了，我以后再也不给人家取外号，也再也不叫别人外号了。"

另一边，马强的妈妈也在对自己的儿子进行教育，听了马强讲完事情经过，妈妈语重心长地说："即便同学取笑了你，你动手伤害了同学，对吗？"马强想了想低下了头。妈妈接着说："你不能以同学伤害了你为理由而伤害同学，为什么不能好好解决呢?"

第二天，小志和马强见面时异口同声说了"对不起"，之后他们就成为了关系非常要好的朋友。

其实，孩子有时候会伤害他人并不是其本质有问题，更多的是无心之失，他意识不到自己带给别人的伤害，家长应该利用孩子的自尊心来教育孩子，让孩子懂得正确的为人之道。就像故事中两个孩子的妈妈一样，让孩子意识到自己的错误，并明白这样一个道理：不尊重他人，就是不尊重自己，也不可能得到他人的尊重。

有时孩子也会因为自己的优秀而产生一种优越感，不自觉地指挥周围的人，不顾及他人的感受，这其实也是孩子得不到尊重的潜在原因。家长应该帮助孩子正确认识到和人交往应该注意的问题，这样才方便孩子对自己的言行及时作出调整。

1. 禁止孩子对他人进行人身攻击

俗话说得好："好言一句三冬暖，冷语伤人六月寒。"哪怕是从小孩子嘴里说出来的话，如果太过肆无忌惮，也会难以令人接受。

语言是一种艺术，有时即便是阐述一个事实也需要我们进行适当的修饰；有的话我们不能说，但是孩子们显然不了解这些，所以有时才会说出伤人的话。当孩子通过语言对他人进行人身攻击的时候，家长应该及时制止，如果不管孩子，只会顺着这个方向发展下去。当然，如果父母告诉了孩子这样的行为是错误的，他就会渐渐停止对他人的语言中伤。

2. 对于孩子的错误言行家长不能附和

孩子自尊心很强，有时他们或许不懂得如何尊重别人，这样家长就要从细微之处入手，将尊重他人的观念渐渐灌输给自己的孩子。最浅显的就是不能顺着孩子取笑他人的行为。比如给人起外号，或者取笑别人的缺点，等等。

李娜觉得妈妈是自己最好的朋友，因为不管什么事情，她都能从妈妈那里找到共鸣。比如说，自己班里有哪个同学上课出丑了，李娜都要回家和妈妈念叨，一边笑一边说着别人的糗事，妈妈听了总会和李娜一起笑，还总发表自己的言论，比如"没见过这么笨的人""你们班怎么还有这样的学生"之类的。而李娜在班里因为喜欢取笑同学，所以别人都不喜欢她。

每个家长都希望自己的孩子能够成为一个"万人迷"，都不希望自己的孩子在集体中不受欢迎，李娜之所以得不到同学的喜欢和尊重，主要在于她对别人的取笑，而且她自己没有意识到这有什么不对。

家长如果附和孩子，他就会认为自己的行为没有什么不妥，还可能会愈演愈烈。所以，家长千万不要在孩子是非观形成的重要阶段传递给孩子一些错误的信息。当孩子取笑他人的时候一定要明令禁止，并告诉孩子与人相处的正确方式。比如告诉他："别人有缺点，本身就会自卑，你还一次次提醒人家，生怕人家忘了自己的缺点。你这种行为是极其不尊重人、不厚道的行为，必须停止！"

3. 人人都有缺点，别让孩子太自负

孩子或许不知道"金无足赤，人无完人"，这需要父母及时告知，并将其中的道理用孩子能够听懂的话说给他听。要让孩子知道，人有缺点和不足乃是必然的，没有谁是一点缺点也没有的，包括他自己，也包括爸爸妈妈。无论是和同学相处，还是和朋友相交，告诉孩子完全没有必要求全责

备。正确的做法应该是学会理解人人都有缺点这一事实，彼此之间完全可以求同存异。只要同学和朋友的缺点不是品质方面的，不是反社会的，就没有必要事事计较，这样才是尊重他人的行为，相应地，别人也会回以相应的尊重。

多交一些朋友吧，你会因此更加快乐

美国著名人际关系学家卡耐基说："一个人的成功15%是靠他的专业知识，85%则是依靠他的人际关系。"由此可知人际交往的重要性。人是群居的动物，每个人的生存和发展都与他人有着密切的联系。人际交往能力是每个人都必须要具备的能力。

每个人都需要朋友，我们如此，孩子也是一样。虽然父母是孩子成长中的重要角色，但并非唯一的角色，孩子需要友情的滋润。有了朋友，孩子的世界才能更宽广。不要认为交朋友是孩子的本能，等孩子长大了就会有很多朋友，人际关系也是能力的一种，需要培养。尤其对于现在的孩子来说，人际交往能力的培养非常重要。

现在大多数孩子都是独生子女，能够接触到年龄相仿的人的机会并不多。在入学之后突然进入了一个集体，想要让孩子快速融入到集体当中，那么交朋友可以说是快速融入集体的方法。鼓励孩子多交一些朋友吧，不要每天都围着父母转，这样他才能更加快乐。

　　小佳的父母很疼爱她，漂亮衣服和新奇的玩具总是堆满她的房间。因为父母工作太过繁忙，很少有时间陪伴她，所以小佳总是一个人在家吃饭、看电视、玩耍。长此以往，小佳变得不爱说话，也不懂得怎么跟同学相处，同学们以为她孤傲清高，也就不愿主动跟她做朋友。时间久了，小佳越来越讨厌上学，甚至家里来了陌生客人也不愿意见。

　　玲玲身材矮胖，成绩很差，不爱说话，不凑热闹，安静得如同一个隐形人，在班里没有一个同学愿意跟她亲近。课间休息时，孤独的她不敢去和同学玩耍，总是趴在桌上假装睡觉，偷听同学们的谈话，常常能听到同学议论她是"垃圾"，是"肥猪"。听到这些讥讽的话，玲玲想哭却不敢哭出声，生怕又招来同学的嘲笑和鄙视，只能继续装睡偷偷哭泣。回到家，爸爸妈妈也只会问她学习怎么样，从来也不会问她跟同学相处得怎么样。孤独的玲玲做梦都想有个知心朋友和她一起玩耍，听她说说心里的悲伤。

　　雪儿学习勤奋刻苦，成绩一直名列前茅。爸爸为她制定的目标就是将来考北大，所以玲玲的课余时间被父母安排得满满当当。学钢琴、学英语、学画画、学舞蹈，为了做到父母心目中的完美女孩，雪儿犹如陀螺般被父母"抽打"着一直不停地转。同学约她去玩，她总说没时间；同学向她请教问题，她也说忙，没空帮忙。勤奋的雪儿成了同学眼中的怪人，不能打扰，也亲近不得。父母看到了孩子雷打不动的好成绩，欣慰万分，却看不到孩子身边从来没有一个朋友……

　　故事当中的这些孩子都很孤独，她们没有朋友，很明显，她们的人际交往能力已经严重缺失。这些孤独的孩子的不快乐是显而易见的，回过来再看看你的孩子，他也有孤独的症状吗？他经常和你谈论他的朋友吗？如果你的孩子从来没有和你说过他的同学和朋友，那么家长就需要注意了。

孩子的健康成长需要团体生活，需要朋友和伙伴。孤独会对他的心理造成负担和伤害。人际交往能力的缺乏，将直接影响他性格的形成，对其将来的发展极为不利，容易让他养成胆小害羞、懦弱怕事、孤傲自私，没有团队精神的不良品行。这样的孩子也无法得到快乐。尤其是女孩子，对各种人际关系非常敏感，因此，父母要引起重视，找到造成孩子交友困难的原因，并采取积极的措施，开导她广交善友，拥有良好的人际交往能力。

1. 不要太过限制孩子交友

其实有的孩子没有朋友，家长也要负一部分责任，因为起初可能孩子身边也有很多一起玩的孩子，但是家长本着"近朱者赤，近墨者黑"的原则强迫孩子多和那些"好孩子"打交道。但事实上，孩子交朋友和性格等很多方面有联系，就拿我们成人来说，并不是什么人我们都会和他打交道的，因为和性格也有关系。

如果家长过于限制孩子的话，那么孩子渐渐就会迷茫，会出现交友障碍。所以家长不要过多干涉，将交友的自由还给孩子，让他快快乐乐地成长吧。

2. 让孩子多参加一些集体活动

想让孩子交朋友，只靠理论自然是不行的，没有比实践更好的办法了。趁着假期，多带孩子参加一些集体活动，让孩子在集体中学会如何交朋友，而且多参加一些集体活动也能让孩子的性格变得开朗起来。

妮妮这个女孩很可爱，但就是很内向，没有什么朋友，这让妮妮看起来有些孤僻。为了改变女儿的情况，妮妮的爸爸妈妈决定不再让孩子假期待在家中学习了。这个假期，妮妮的爸爸妈妈将女儿放进了夏令营，本来妮妮很担心无法融入集体，但是夏令营当中有很多集体活动，都是分工配合的，在这个过程当中妮妮交到了朋友。一个假期过去后，妮妮变得开朗多了，身边的朋友也逐渐多了起来。

有的时候，孩子没有朋友或许是环境的原因，有时也可能是孩子本身的原因。家长如果多让孩子参加一些集体活动，孩子会逐渐懂得合作，这样就不用担心孩子一直孤身一人，身边没有朋友了。

3. 做个有礼貌的好孩子

如果自己的孩子身边没有朋友，家长可以多观察一下他，首先确定问题是不是在孩子自身。现在独生子女居多，很多孩子在家庭中都被宠上了天，这就导致很多孩子不懂如何与人交往，在集体中也很任性。如果孩子个性过于强烈，那么自然很难交到朋友。家长应该告诉自己的孩子，要讲文明、懂礼貌，知道尊重他人，万事不能以自己为中心。当孩子有了这样的意识，那么他的人际关系就会有很大的改善。

4. 教会孩子解决矛盾冲突

人与人交往的过程当中，难免会有一些矛盾，孩子之间更是如此。孩子们都非常单纯，有时因为一些小问题就会闹矛盾，但是他们往往不知道要怎么解决，这个时候家长就要出手相助了，引导孩子学会处理朋友之间的矛盾冲突，比如先道歉，或者示好，等等。

如果家长放任不管，孩子一直不会处理矛盾的话，那么身边的朋友就会越来越少。所以家长一定要注意，多观察、多引导，让孩子大大方方地交朋友，度过一个快乐的童年。

你可以做个"人来疯"

有人说，孩子天生就是好动的。的确如此，无论是两三岁的幼儿还是七八岁的小学生，他们都是那么有活力，仿佛有用不完的劲儿，有时不免有些人来疯。

人来疯，这是困扰许多父母的问题。毕竟，父母都担心孩子会发展出多动症之类的毛病。不过，父母不必因此大惊小怪，要明白，这是他们成长的必经之路，刻意压制，反而会让他们对父母充满失望，甚至萌生怨恨。

洛洛从小就很活泼，尤其喜欢与大人一起玩。这天，家里来了爸爸的同事，洛洛非常兴奋，他拿起一个和自己差不多高的瓷器，想让大家看看自己的力气。谁知还没坚持两分钟，他的手臂就没有力气了，一不小心把瓷器摔在了地上。

爸爸见状，非常生气地说："这孩子从小人来疯，就知道瞎逞能，什么都做不好！你看他笨得，将来能做成什么事情呀！"

听完爸爸的话，洛洛一个人伤心地离开了。后来，每次家里来人，他想表演个节目，都会被爸爸训斥一番。他不知道，爸爸为什么总是这样对自己。即使到了中学，他想让客人听听自己的钢琴曲，爸爸还总是说："瞎逞能什么！"

就这样，洛洛再也不愿和爸爸说话了，他感到爸爸总是那么看不起自己。

有一次，爸爸督促他练钢琴，他愤怒地喊道："不练！要练你自己练！"一下子，爸爸愣住了。

洛洛的爸爸不明白，为什么孩子表现出了如此强烈的敌意。这是因为，他不懂得所谓的"人来疯"，其实正是孩子成长阶段的正常行为。

无论男孩还是女孩，当他们成长到一定年龄后，就会格外热衷自我表现，希望别人注意自己。所以，面对孩子的人来疯，父母应当明白：看似疯疯癫癫、热情过头的行为，这本身并非是孩子故意胡闹，而是期望别人对他存在的认可。从这一方面来说，孩子当时的内心是寂寞的，他渴望被别人关注，因此，一味地训斥只能激发他的逆反心理，忽略他的内心诉求，影响孩子的健康成长。

正确的做法应当是宽容。父母宽容孩子的人来疯，能让孩子得到被关注的满足，还要让他明白：在待人接物时作出哪种行为，才是最受欢迎的。更重要的是，孩子会感激父母的举动，认为父母非常理解自己，这对于他的健康成长是非常有帮助的。

当然，除了宽容之外，父母还可以教会孩子以下几种方法，让他明白如何正确人来疯。

1. 告诉孩子什么是文明待客

如果父母知道即将有客人到来，那么就应该给孩子讲讲他应该怎么做，才能赢得对方的好感。例如，父母可以考考孩子："你知道客人来了为什么要倒茶吗？""请你帮我摆好桌子，想想让客人坐在哪里？"

当孩子明白该怎么做后，他的"人来疯"行为也就控制在了一个合理的范围。这样一来，他既不会感到父母对自己的轻视，又能学到良好的待客之道，岂不是一箭双雕？

2. 给予孩子展现自己的机会

也许，你家的访客恰恰非常喜欢孩子，那么，就不要打发孩子离开。父母可以给予孩子展现自己的机会，安排孩子做小招待员，或者让他表演才艺，以此满足他的心理需求。

赵鹏是个5岁的孩子，平时活泼可爱。因此，当家里来客人时，爸爸妈妈就会让他适当表现自己，例如唱个歌、弹段琴、画幅画，等等。得到了客人的好评，赵鹏也喜笑颜开，然后按照妈妈的要求，回到屋里不再打扰大人。赵鹏渐渐长大后，在人际交往等方面做得异常出色。当别人问他这是为什么时，他就如此回答："因为爸爸妈妈从小就允许我在客人面前表现啊！听到大人们的夸奖，我的心里美滋滋的，肯定会对自己充满信心！"

总而言之，面对孩子的"人来疯"，父母大可不必面红耳赤，宽容一点又何妨？放松自己的心情吧，送给孩子一片自由的天空！

这是你自己的事情，需要你自己来完成

现在很多孩子都是独生子女，平时在家里会受到来自所有家庭成员的呵护，很多父母不让孩子做任何事情，这在无形中使孩子养成了凡事都不愿动手的坏习惯，这对孩子的动手能力有巨大的负面影响。

孩子的动手能力是需要培养的，而且越早越好。趁着孩子接受能力强的时

候家长应该及时培养孩子，这样他才能养成一种习惯，提高孩子的自理能力，对未来的独立生活也是非常有益的。

实际上，让孩子自己做事并不只是对他动手能力的培养，还能培养他的责任心，也能锻炼孩子的处世能力，可以说是一举多得。

小强是一个动手能力很强的孩子，平时就算父母不在家，他也能自己动手洗衣做饭，一个人也能生活得很好，这种能力大大超过了许多同龄人。

大家以为这是小强天生的能力，但实际上5岁时的小强并不是这个样子，那时候的他连穿衣服都要父母帮忙，自己的事情都不能独立完成，更不会去帮助别人。

小强父母看到自己的儿子这样，也很担心，他们担心儿子以后会对别的人、别的事物产生强烈的依赖感，这样的话，小强将很难独立生活，而且在学习、工作和生活中，也不会有什么大的作为。于是小强的父母开始着手锻炼他的动手能力，尽量让他自己的事情自己做。

有一天早上，小强又赖在床上要父母帮他穿衣服，但父母此时已经不敢再溺爱自己的孩子，于是他们不顾小强的哭闹，就是不帮他穿，而且还严厉要求小强自己穿。

等到小强的哭闹停止了，母亲对小强说："儿子，其实你自己可以穿衣服的，而且你要是能自己穿衣服，老师知道了就会表扬你，同学们知道了就会很羡慕你的。你不喜欢老师表扬你、同学羡慕你吗？"但小强依然认为自己没有能力自己穿衣服，于是对母亲说："可是我从来没自己穿过衣服，我不知道怎么穿啊。"母亲露出了微笑，拍拍儿子的头说："你好好回忆一下昨天早上你爸爸是怎么帮你穿衣服的，你就照着做，一定行的。"

小强最终还是半信半疑地自己给自己穿衣服。一开始穿的时候总是有很多错误的地方，所以衣服总是穿不上去，这时候小强的母亲就会在一旁细心地教他。虽然足足花了半小时小强才穿戴好，但是从这一次之后，父母就再也不用帮他穿衣服了。

　　又有一次晚饭的时候，小强吃着吃着一不留神，手中的筷子掉到了地上，于是他央求父亲帮他重新拿一双，但是父亲并没有帮他，他只是告诉小强筷子放在了厨房的哪个位置，让他自己去拿。小强一副可怜的样子，嘴里还一直嘟囔，但是这一次，父亲没有被他的可怜打动。父亲为了让小强自己做自己的事，很多次都不管儿子的哭闹，坚持让他自己做。而这时候母亲则在一旁给小强鼓励："爸爸不帮你拿是因为爸爸不相信你自己能拿到筷子，所以他想试试看。那乖儿子这一次就表现给爸爸看，让他知道你有多厉害。"小强听完妈妈的话，立刻跑去厨房找了一双筷子，还兴奋地拿到父亲面前说："看，爸爸，我厉害不厉害。"父亲拍拍小强的头，和母亲对视一眼，会心地笑了。

　　孩子的成长是顺其自然的，但是也需要环境和机会，如果家长总是担心孩子，什么都不愿放手的话，那么他就永远学不会独立，永远学不会坚强，只能躲在你的庇护下生活。很多家长或许存有疑问，孩子已经习惯于依靠父母，要怎样做才能改变他们呢？家长可以从以下几点入手。

1. 在游戏中锻炼孩子

　　没有一个孩子会拒绝游戏，所以对于家长来说，游戏也是锻炼孩子的一个极佳途径。如果孩子已经习惯于家长做"代理"，那么有时家长直接命令孩子做什么，就会让他有很强的抵触情绪，即便是他分内的事。通过游戏就不同了，这样可以引导孩子慢慢自己动手解决问题。

悠悠从小就过着衣来伸手，饭来张口的生活，刚开始她父母认为女儿骄纵一点也没有关系，长大了就好了。但是现在的悠悠都已经升入小学四年级了，还什么都不做，连书包都是父母给收拾的。在她眼中，这俨然已经成了父母的分内之事，即便爸爸妈妈有心锻炼她，她也不肯做。最后悠悠妈妈想出了办法，和孩子一起做手工，而且自己尽量不动手。渐渐地，孩子体验到了乐趣，慢慢地也开始学习自理了。

游戏能够挑起孩子的兴趣，家长不要过多插手，多用引导的话来让孩子自己动手，体验自己动手的快乐，体验成功的快感。这个过程当中家长也可以引入一些教育，比如"其实洗衣服也跟游戏一样很有意思"，慢慢引导孩子做自己的事情。这样，逐渐地，孩子就会自己的事情自己做了。

2. 不能半途而废

孩子可能刚开始尝试的时候做得并不好，但是，如果家长真的下定决心要锻炼孩子的话，那么就不要半途而废，中途插手，这样都会影响到孩子，也不能真正锻炼到孩子。

飞飞的妈妈非常疼爱自己的儿子，也因为这个原因，飞飞一直以来都习惯于依赖父母。飞飞的爸爸认为孩子大了就应该自己的事情自己做，但是无奈飞飞的妈妈看儿子做什么都担心，总是忍不住插手。就这样，飞飞一直做不到自己的事情自己做。

不管孩子做得怎样，家长都要引导鼓励，只有这样，孩子才会继续动手，慢慢养成自己动手做事的习惯，这样孩子才能真正地独立。

3. 用责任感做指引

有时家长觉得不该给孩子过多的压力，但事实上，赋予孩子一定的责任感反而能够成为他的动力，责任感会趋使孩子完成任务。所以家长要让孩子知道，他的事情应该由他自己完成，这是一种责任。

惊慌失措只会把事情弄得更糟

世事变化无常，纷繁复杂，意外和突变时常发生。要想在社会上立足和生存，就要拥有应对这些变化的能力，这是每个人都应具备的基本素质之一。

对于成人而言，有时面对突如其来的变故，都很难保持冷静，就更不要说是孩子们了。对于成长中的孩子们来说，他们对世界的认识还非常有限，因此，在他们遇到突发事件的时候，显得手足无措是很正常的，但是家长也有义务告诉孩子如何面对突发事件，只有这样才能让家长放心，孩子的成长之路才能一帆风顺。

一个周末上午，妈妈带着儿子小宝去逛商场。走进商场没多久，儿子就在卖玩具的地方止住了脚步。小宝看中了柜台上的一架遥控飞机，盯着那飞机迟迟不肯离开。妈妈一看，那种类型的飞机家里已经有好多架了，不想再给儿子买。于是使劲拖着儿子就走，可小宝却甩开了妈妈的手，站在原地撅起嘴生起气来。妈妈急了，对小宝说道："那种飞机你不是已经有很多架了吗，为什么还要买。够了，走吧！"

没想到，小宝还是纹丝不动。妈妈一气之下，扭头就走了。妈妈原本只是想吓唬吓唬儿子，想着他要是看妈妈走了，肯定会跟上来。没想到，等妈妈拐了个弯回过头来看儿子的时候，儿子竟然不见了。

妈妈慌了，连忙往回走。可原路返回还是不见儿子踪影。原来就在妈妈转身走的那一刻，小宝就害怕了，连忙跟了上去，可突然对面来了一群人，把小宝的视线挡住了，等那群人走过去再看时，已不见了妈妈的踪影。小宝害怕地哭了起来，边哭边在人群里乱转，转着转着就转到了另一条道上去了。所以妈妈原路返回也没找到。

小宝越来越恐慌，哭声也越来越大，把商场的保安给吸引了过来，保安问他为什么哭，妈妈去哪儿了，他一个字也回答不出来，只知道一个劲地哭。没办法，保安又把他带到了商场播音室，让广播员在广播里寻找小宝的家长。

妈妈一听广播，就立马飞奔而去，看着哭成了泪人的儿子，心疼地抱起儿子一个劲地安慰说："我的宝贝，吓坏了吧，把妈妈都担心死了。是妈妈不好，都怪妈妈……"听到这话的小宝哭得更加响亮了，死死抱住妈妈不肯放手。

看完了这个故事可能有的家长会惊出一身冷汗，确实，如果孩子遇事慌乱了，那么很难有"闲心"想办法，最终误了事。不得不说，小宝是个幸运的孩子，如果他没有遇到保安，而是遇到了坏人，那么小宝妈妈就后悔莫及了。

确实，这是家长的疏忽，但是孩子一点问题都没有吗？如果孩子遇到了这样的事情，家长们是怎样反省的呢？"都是我的错，下次一定要看紧一点，不能再有这样的疏忽了。"家长们是这样想的吗？如果是的话，那么家长朋友们只想到了问题的表面，没有深入到问题的根本。

很多突发事件是家长们都无法控制的，比如说，孩子自己在家，陌生人敲门随便开；回家路上看见有人打架，他吓得不知所措；遇到高年级同学欺负，吓得瑟瑟发抖，让干什么就干什么……家长即便再怎样保护孩子，仍旧难以避免他遇到突发事件。所以，只有教会孩子如何面对突发事件，才能从根本上预防孩子遇到类似的危险。

1. 对孩子有耐心

孩子们做事总没有家长那样有效率，有的家长看不惯自己的孩子做事温吞，所以总是催促孩子。但事实上，家长的这种做法会给孩子造成一种压力，孩子容易焦躁。试想一下，如果孩子平时就是这样，那么遇到事情的时候不但不能冷静下来想办法，还会更加焦躁。

2. 借助各种媒介教育孩子

现在孩子认识环境所接触的媒介有很多，比如电视、电脑，还有各种书籍，等等。有时电视剧中总会有突发事件，每当遇到这样的情况，家长便可以利用这个机会来教育孩子，这个时候孩子也比较容易接受家长的建议。

豆豆爸爸平时很注意对豆豆的教育。有一次，他们在看电视，正巧演到一个场景，就是一个人在敲门，这个时候豆豆的爸爸问豆豆："如果我和妈妈都不在家，陌生人敲门你会开门吗？"豆豆摇了摇头，爸爸接着说："如果他说认识我呢？"豆豆想了想，点了点头。这个时候爸爸对豆豆说："不能轻信陌生人的话，他说认识我，但也许他是坏人，所以你一个人在家的时候陌生人敲门千万不能开！"豆豆听了点了点头。

只要家长的话有道理，孩子一定会听，所以，家长不能只用命令的口吻告诉孩子要怎样做，而应该跟孩子分析原因，这样孩子才能真正地记住，才能慢慢积累经验，在遇到突发事件时才不会慌乱。

3. 引导孩子找到解决问题的良方

孩子遇到问题之所以会惊慌失措，主要是因为他不知道应该怎么办，如果孩子心中有底，知道应该如何应对的话，那么他自然不会表现得不知所措。因此，家长应该要引导孩子多学习解决问题的方法，在家庭遇到问题的时候也不要只是避开孩子，可以和孩子一起讨论；当孩子遇到问题的时候，家长不要急于帮助孩子解决，而应该采用引导的方法，让孩子一步步找出办法，这样孩子才能真正地积累经验，遇到事情才能不慌张。

4. 让孩子拿出自信来

孩子们的主意可比我们想象得多多了！但是为什么孩子遇事的时候还是会慌乱呢？其实想想就不难发现，因为孩子对于自己的想法没有自信。所以家长应该帮孩子提升自信心，比如凡事多问孩子的意见，让孩子勇于发言，多鼓励孩子，等等。这样孩子才能渐渐自己拿主意，有了主见，遇事自然不会惊慌失措了。

输赢乃兵家常事，只要尽力就好

随着时代的进步，人与人之间的竞争越来越激烈，这不仅仅表现在社会当中，就连未踏入社会的孩子也被囊括在其中。为了能在未来占据有利位置，孩子们从小就面临着残酷的竞争。而生活中有许多这样的孩子，他们本来拥有聪明的头脑，曾是全班乃至全校的尖子生，但往往因为一次考试不理想或是老师某一句话对他的打击，就变得意志消沉，精神萎靡，上课精力不集中，学习成绩下降，甚至是厌学、逃学。如果这种心态得不到及时调整，将对孩子的成长产生巨大的负面影响。

或许在我们眼里一次考试失利不算什么，但是，如果孩子将其成败看得过重，那么失败所带来的负面作用就会无限放大。其实这是很正常的现象，因为孩子年龄还小，心理承受能力不够强，所以难免会将失败看得过重，而家长则应该帮助孩子渡过这种心理"危机"。

小莫刚上小学三年级，新学期伊始，他们班开展了"一对一"的活动，要求每一位成绩好的同学要帮助一位成绩差的同学提高学习成绩，最后在期末考试时评比，谁帮助的同学成绩提高最快，谁就可以拿到优秀学生奖。小莫的成绩排在班里的前十名，分给他的任务是帮助一位考分在60分上下的男生。刚接到这个任务的时候，小莫又得意又紧张。他对这个任务很上心，每天一放学，他就留在班里帮那个孩子温习功课，跟他一起做作业，甚至还给他制订了补习英语的小计划。因为怕他回家后贪玩，小莫一到家便打电话提醒他背单词。

可是事情往往事与愿违，这个学期很快就结束了，期末成绩出来后，那个男孩的各科成绩还是没有明显提高。因此，小莫不但没有拿到奖状，而且还被老师在班会上当着全班同学的面批评，说他没能帮助同学共同进步。在随后改选班干部时，当了一年多小队长的小莫也落选了。

一连串的失败对小莫的打击很大，他哭着对妈妈说："我不想在这个学校读了，我想转到别的学校去。"

妈妈听了之后，安慰小莫说："妈妈知道这些事让你受了很大的委屈，但是遇到一点小事就要转学，难道你不要你的小伙伴了吗？"听了这话，刚刚忍住不哭的小莫又开始哭了起来。

妈妈接着说："告诉妈妈，这件事你是不是尽了最大努力？"小莫使劲地点点头。

"这就可以了，输赢是很正常的事，只要尽力了就足够了。世界上有许多事并不是你尽力了就一定会成功的，所以不要太在意得失。这次不行，还有下次呀。一次的失败并不代表你就永远失败，明白吗？"

"嗯，妈妈，我懂了。"聪明的小莫一点就通，擦干眼泪，背起书包又上学去了。

没有人能够永远成功，常胜将军只存在于传说当中，现实当中是不存在的，这个道理我们有必要让孩子知道。因为世界是纷繁复杂而又不断变化的，人生路上的失败和挫折在所难免。孩子如果认识不到这点，就不能以正确的态度来对待失败。就像小莫那样，因为老师的批评产生了转学的念头，这个时候家长的态度尤其重要。如果小莫的妈妈和老师一样批评他的话，那么再优秀的孩子也会灰心丧气，难以重新振作了。

孩子再坚强，说到底他终归也还是一个孩子，在他因失败而萎靡不振的时候，家长应该引导孩子走出心理障碍，不要觉得孩子惧怕失败是丢人的行为。如果家长都没能帮助孩子，那么失败将会把孩子打入谷底。

但任何事都是说起来容易做起来难，那么父母应该怎样安慰失败的孩子，将失败不可怕的想法传递给孩子呢？

1. 让孩子正确地认识成败

竞争是一直都会存在的，有竞争，自然就有输赢，但是孩子们往往忽略了竞争真正的意义，无法正确地看待竞争的结果，只着眼于成功，当失败来临的时候备受打击，甚至是萎靡不振。

作为家长，有必要让孩子理解成功和失败的真正意义，要让孩子知道，竞争最有意义的不是结果，而是整个过程，在竞争当中他已经得到了磨炼。比如家长可以这样告诉孩子："这次你已经尽力了，通过这次竞争你一定得到了一些收获，下次结果一定会更好。"通过这样的话，既让孩子认识到竞争的意义所在，也鼓励了孩子。

2. 提升孩子的竞争能力

随着社会竞争的激烈，孩子们的压力也逐渐加大，只靠安慰自然不能够一直解决问题。所以，家长应该着手于提高孩子的竞争能力，唯有如此，才能让孩子勇敢地面对日后的挑战。

湛湛是一个活泼的小男孩，就是有些惧怕挑战，为了孩子能够成长为一个不畏艰难、勇往直前的人，他的父母决定要锻炼孩子。孩子惧怕挑战无非是害怕面对成败，于是他的父母便着手提高孩子的竞争能力，让他多体验成功。比如他的父母经常交给他很多学习和生活的技巧，之后还会让他参加很多比赛。

在这个过程当中，湛湛越来越勇敢了。

通过竞争可以拓宽孩子的视野，有助于他日后的发展。平时家长可以多教给孩子一些知识，多为孩子制造一些竞争的机会。所谓习惯成自然，当孩子习惯于竞争之后，自然就能理智地面对成败了。

3. 观察孩子的性格找方法

每个孩子都有不同的性格，这样在面对结果时他们的态度也不相同，所以家长在引导孩子的过程当中，一定要注意孩子是哪一种性格，这样才能找到最合适的方法。

如果孩子争强好胜、自尊心极强，当他遭遇失败时往往就容易产生极端沮丧的心理，此时家长不要过多地埋怨、批评，而是点到为止，重在启发，让他找出失败的原因，放手让他自己去赢得下一次胜利。

相反地，如果孩子性格软弱、能力平平，当他再次因失败跌入自卑的低谷时，家长要对其多加安慰，帮他发现自己的长处，确立切合实际的目标，制定由低到高、由易到难的计划，让他能不断地看到自己的进步，从每一次的小进步中逐渐获得自信，提高竞争的心理素质。

分数不是最重要的，重要的是不断进步

家长们似乎永远也不会对自家孩子的学习成绩感到满意，孩子考了第十一名，他们希望孩子能够进前十名；孩子考了第五名，他们又希望孩子考第一名；孩子考到了班级第一，他们又希望孩子可以成为年级第一。

于是，每次考试后，总是会有"几家欢喜几家愁"的情景出现。有些家长会对孩子的成绩表示赞许，但等待大部分孩子的却是家长的训斥甚至打骂。不知道家长有没有考虑过，这样会对孩子的心灵产生什么影响。我们不妨来听听孩子们的心声。

"我考得不好，回家一定会被爸爸打的，我不想回家……"

"我成绩不好，爸爸妈妈一点都不喜欢我，他们会不会不要我啊……"

"我活着一点用处都没有，考试成绩每次都那么差，只会给爸爸妈妈丢脸"……

了解到孩子的这些真实感受，做父母的又作何感想呢？

孩子的成绩是很重要，但是成绩并不能代表一切，也并不能成为家长衡量孩子好坏的标准。

有一位家长讲过这样一个关于他孩子小时候的故事。

那时候小婷才 11 岁，在我家附近的一所小学里读五年级。她学习的时候一直都很用心也很刻苦，可是不知道为什么，她的成绩一直都不是很好。每次

考完试，小婷回家面对的不是我的责备就是打骂，为此小婷很害怕考试，甚至偶尔会装病逃避。

有一次期中考试，小婷考得特别差，全班排倒数第5名。她带成绩单回来给我签字，又被我狠狠地"教训"了一番。看着她的成绩，我边打小婷边气急败坏地骂她："你这个白痴，长的是猪脑子吗，怎么那么笨啊？你看看你的成绩，就你这分数将来怎么能考重点？你难道要爸爸养你一辈子？"

可是我怎么也没想到，向来乖巧懂事的小婷，这次居然会选择离家出走。从那以后，我开始醒悟了，成绩没什么，孩子平安才是最重要的。

后来的一次考试，小婷考了全班倒数第10名，她提心吊胆地回到家，小心翼翼地将成绩单放在了我面前。我看得出她已经做好了承受"疾风骤雨"准备，看她的成绩，我并没有发火，而是很轻松地问她："小婷，告诉爸爸，考试前是不是有努力复习啊？"

小婷怯生生地看了看我："爸爸，我真的努力了啊，我不是故意考成这样的。"

"爸爸知道啊，这次成绩很不错呢，小婷有进步呢！"我看小婷没那么害怕了，继续解释，"你看，你比上次提升了5个名次呢，这是一个很好的预兆啊。至少它证明了我家小婷一点也不笨，只要努力就一定可以进步。"

小婷听了我的话，觉得很有道理，便对我说："那我就再努力试试吧！争取下次可以再前进5个名次。"

令我怎么也没有想到的是，小婷在下一次的考试中居然考到第10名。这次，她把成绩单交给我的时候，我拥抱了她，并且夸道："小婷你真棒，爸爸就从来没有过这么大的进步！爸爸太为你高兴了！"

接下来的日子里，小婷明显自信了很多。到了学期结束的时候，小婷居然进入了班级前五名的行列。

其实对于孩子来讲，家长的鼓励往往比打骂更具有教育意义。父母的责罚只会让孩子感到自卑、被人忽视，从而失去学习的兴趣和动力；而父母的鼓励则会让孩子感觉自己是被关注的，认为父母对自己抱有极大的期望。因此，为了不让父母失望，你的孩子也会更加努力学习的。

但家长在鼓励孩子的同时，还要让他意识到，学习是他自己的事情，他不是为了父母或者老师而学习的。这样孩子才会有动力好好学习。

分数并不是孩子的全部，希望家长们不要太看重孩子的分数。学习的目的是为了让他们掌握知识，并在学习的过程中养成良好的习惯，不怕困难、敢于直面挑战、充满自信心、健康的身体和心理，以及豁达开朗的人生态度。这些才是孩子成长过程中最重要的元素。

1. 家长要知道，分数≠能力

很多孩子之所以将分数看得很重，多半来自于父母，因为父母重视自己的分数，所以孩子对分数的关注度也会非常高。分数只是孩子阶段性学习的一个反馈，并不代表什么，因为考试当中有太多其他的因素了，比如没有发挥好，或是考试时文具出了问题，等等。这些都没法预料，这样的成绩自然也不能说明什么。

所以家长要让孩子懂得，能力才是最重要的，分数只是对自己的一个测评，目的在于找出自己的不足。

2. 给孩子一个解释的机会

平时家长多数时间都在工作，孩子在学校的生活家长并不知道，所以分数成为了唯一的反馈。有时发现孩子的分数比上次低了，一些家长就不分青红皂白地训斥孩子。实际上，每次出题的难度都不相同，有时试卷比较困难的话，普遍分数都低，所以只凭分数判定孩子是不够客观的。

给孩子一个解释的机会吧，即便不是试卷的问题，只是孩子没有考好，也不要急于发火，看看孩子是否知道自己失误的原因。考后总结是最重要的，家长不要让孩子以为训斥他就是目的，而要让孩子明白，考试后要总结经验，这样下次才能进步。

合理安排时间，才能事半功倍

做事是否有效率除了能力以外，还有安排。时间观念是孩子成长过程中必须要教给他的。一个没有时间观念的人，做事懒散，没有效率，只有有着明确时间观念的人，才能事半功倍。

当然，我们一生的时间是有限的，每天只有 24 个小时，怎样才能让这 24 个小时过得更有意义，就在于如何去安排这段时间。家长如果教会了孩子合理地安排时间，那么孩子做事自然事半功倍。

上小学五年级的东东，学习成绩一直处于班里的后几名，妈妈每天都为东东的学习成绩而苦恼。

在学校，东东虽然成绩并不优秀，可他为人很善良、真诚，做事一丝不苟，同学们很喜欢他，都纷纷在课余时间主动帮助他。在课间休息的时候，有的同学帮他整理笔记，有的同学给他讲这节课的重难点等。可是，经过一个月的努力，他的成绩不但没有提高，反而还有所下降，这让东东很沮丧。

回到家，东东哭着对妈妈说："妈妈，我的成绩还是上不来。我不想学了。"妈妈安慰道："东东不哭，我们家东东是最聪明的。你只不过还不知道怎样来制定好自己的学习计划。如果你制订一个合理的计划，而不是一味闷头苦读，那么，我相信你的学习成绩会提高的。"东东听到这里，有些怀疑地问："真的吗？我的成绩真的会提高吗？"妈妈肯定地点了点头。于是，东东拿出纸笔，在妈妈的帮助下制订了一份自己的学习计划。

东东通过自己的学习计划，终于摆脱了"差生"的行列。现在东东可以去帮助其他的"差生"一起进步了，这让东东感到非常骄傲。

从这个事例当中不难发现，想要合理安排时间，计划非常重要，因此，家长可以利用这点来教育孩子。

当然，这并不是培养时间观念的唯一途径，毕竟孩子们所遇到的问题是多种多样的，有的孩子做事没有效率是因为拖拉，这也是一大问题。那么在培养孩子时间观念这方面，家长就要多从计划和效率这两方面入手。

1. 教育孩子学会集中精力做事

有的孩子做事不专心，总是三心二意，甚至一边玩一边做。这其实是最浪费时间的。父母应让孩子明白，做事就做事，玩就是玩，而且事情要一件一件地做，不可一心二用。为此，父母要指导孩子养成做事有头有尾，善始善终的习惯。

2. 让孩子品尝耽误时间的苦果

不少父母反映自己孩子做事拖拉磨蹭，缺乏时间观念。其实，这些问题和家长对孩子的娇生惯养是不无关系的。要想改变这一点，父母可以试着让孩子自己承担某些消极的后果，一旦孩子亲自品尝到耽误时间的苦果，心里自然会不舒服，就会汲取教训，今后重犯的可能性就少了。这种教育方法叫作"自然后果惩罚"法。

8岁的雯雯每天上学之前都很磨蹭。妈妈催促她赶紧刷牙洗脸，换衣服和鞋子，雯雯则慢慢腾腾。妈妈冲着雯雯大喊，雯雯要么气鼓鼓地不予理睬，要么和妈妈对抗。每一件事情都要进行这样一番"较量"，结果经常是雯雯上学迟到，雯雯妈上班迟到。对此，雯雯妈很无奈。后来有一次雯雯妈妈出差，没有人叫醒雯雯，雯雯迟到了，没有了妈妈跟老师解释，自己挨了批评。奇怪的是，从那以后雯雯早上再也不磨蹭了。

显然，雯雯尝到了磨蹭的苦果，于是她由家长管制自己转到了自我管理。所以家长不要总是担心孩子，适当地让他遇到一些"麻烦"，说不定比你说十句教子箴言都管用。

3. 善用计时器，告别拖拖拉拉

假如需要特别强调时间的段落性，家长可选用孩子较感兴趣的计时物品，如小闹钟、手机等，设定游戏的时间，让孩子知道当铃声响起的那一刻，就要进行其他的活动。选用这些计时器，一方面可以帮孩子建立时间观念，一方面孩子配合度较高。而在孩子表现良好，或主动准备或收拾物品时，家长别忘了给予肯定，鼓励他保持下来。

4. 制订合理的学习计划

计划非常重要，只有提前计划好，做事才能有条不紊。当然，学习计划的制订也要有根有据，首先要考虑到孩子的实际情况，看准孩子的水平来制订，这一定要让孩子参与其中，因为这毕竟是孩子的学习计划，而不是家长的。所以在这个过程当中家长只是起到一个辅助作用，帮孩子完善他的计划。

另外，在制订计划的时候要懂得运用科学的方法，不要以自我意识为依据，多参考一些科学做计划的书籍。不过要注意的是，学习计划终归是给孩子看的，所以不要因为借用了科学依据就将计划制订得太过复杂，这样不利于施行。

第二章
这些话一定不要对孩子说

家长们的心都是好的，把孩子培养好是每个父母深切的愿望。但是，要想真正做到这一点，就需要我们掌握一些和孩子说话时的方法与技巧。有些该说的一定要说，有些不该说的则一定不要说。这样，才能真正让你的"言传"实现对孩子良好教育的目的。

你不能这样做，你也别那样做

越是孩子，越要淘气。可是，绝大多数的父母都不懂得这个道理，看到孩子淘气，就忍不住地想要数落他一番。"不能""不要"之类的斥责就会频频从家中传出。然而，这样的语言有时反而会带来相反的效应，孩子从此产生了逆反，越来越不听话。

孩子之所以如此，正是因为父母的不理解造成的。想要让孩子不那么淘气，父母就必须了解孩子的真实想法，然后及时地转移孩子的情绪，这样才能对症下药。当然，了解孩子的前提就是让"不能"和"不要"从孩子耳边消失。

一次，维维的妈妈正在忙自己的事情，维维闲得无聊，于是开始乱敲钢琴，发出一阵阵刺耳的声音。忙碌的妈妈大声对她说："不要制造噪声了，吵死了！"这让维维感到很受伤害，她抱着布娃娃一个人无声地坐在角落里，暗自伤心起来。

过了一会儿，维维似乎忘记了刚才的事情，又找到一个皮球拍了起来。妈妈正要大喊让她停止，被一位前来造访的朋友制止了。那位阿姨告诉维维妈妈："当孩子做你不喜欢她去做的事情时，最好的办法其实是把她的注意力转移到其他事情上来。"

阿姨对维维说："宝贝儿，你到隔壁房间，看看能不能从我放在梳妆台上的小包里发现点什么。"正奋力拍球的维维听到后连忙扔下球，跑进了隔壁房间。

过了一会儿，维维高兴地尖叫着出来了，手里拿着一个小巧的布娃娃。然后，阿姨又告诉她："假如你能保持安静，并给这个布娃娃穿上好看的衣服，那么布娃娃就归你了。"维维妈妈随即又给了维维一些好看的布片和小丝带。

一个多小时过去了，维维果然没有再发出任何吵人的声音，也没有做让妈妈心烦的事情，而是一直安静地坐在自己的小房间里，为布娃娃制作了一件胳膊上露着窟窿的连衣裙。看到这里，维维妈妈信服了朋友的做法，并将这个办法引入了此后对女儿的教育中。

此后，每当维维妈妈想要说"不能"或"不要"，试图阻止女儿做一些事情的时候，总会尽量克制自己，并想出更好的办法来转移她的注意力。这种做法果然每次都能收到很好的效果，维维也变得越来越听话，越来越善解人意了。

不能把衣服弄脏，不要坐在地上，不要把玩具弄乱……父母的这种训斥，其实对亲子关系丝毫没有好处。因为很多时候，连父母自己都不记得说过什么，结果造成允许孩子做曾经禁止他们去做的事情。这时候孩子会发现父母的前后不一致，因此不再听从父母的话。甚至有的孩子会跟父母说："你忘记了惩罚我，所以我不再相信你了。"

所以，"不能"和"不要"还是少说为妙吧。一个合格的父母，"不能"和"不要"应该成为禁语，取而代之的应当是转移孩子的注意力。只有这样，孩子才能变得更加乖巧和懂事。具体来讲，父母可以采取以下一些方法实现教育目的。

1. 为孩子的行为提供新的引导

研究表明，在孩子的头脑中，始终充满着各种各样的词语联想，当父母对一个 16 个月的孩子说"走吧"的时候，他会马上跑到门口去。利用这种联想的能力，在孩子想要淘气或正在做父母不喜欢他去做的事情时，我们可以利用这个联想能力来分散他的注意力，这个提示信号会诱导孩子的思维和肢体改变方向，从而顺应父母的指引，忘记原本想要去做的事情。

当然，这种方法不止适用于小孩子，即便你的孩子已经升入小学，面临着升入中学，依旧可以运用这个办法。如果孩子的注意力很难转移的话，父母应该存有耐心。要知道，孩子越固执，父母就越需要在引导孩子培养良好的品行方面付出艰苦的劳动。

2. 选择温和的方式阻止孩子

当你的孩子试图去做什么的时候，假如你第一时间强硬地制止，他会对这种行为产生反感，进而大发脾气，即便他想要做的事情是错误的；如果你先叫出他的名字，然后说说其他的事情，让他稍作停顿，便能忘掉初衷。

作为父母，有时要学会运用恰当的方式阻止孩子，在孩子接近危险的时候，比起吓唬、呵斥止，有时温和的方式反而更有用，而且不容易引起孩子的反感。

3. 给孩子的行为设定限制

每个人都需要有所限制，年龄越小，限制就必须越明确。因为孩子渴望冒险的勇气通常会引导他不断探索，而他的年龄又容易让他误入歧途。所以，为他设定的界限将给他带来安全的保护。

当然，这些限制并非是禁锢，而是让孩子在给定的界限中放开手脚，更好地发挥潜能。比如当父母和学步期的孩子一起穿过街道的时候，他不想拉住妈妈的手，此时必须坚决为他设定限制：只有拉着妈妈的手才可以穿过街道，没有其他选择。久而久之，孩子就不会做出一些出格的事情，这时"不能"与"不要"之类的语言自然会大大减少。

4. 学会转移孩子的注意力

当孩子在做父母不希望他去做的事情时，父母首先做的应当是理解。只要在合理的范围内，父母就不应当强加干涉。

倘若孩子的想法超出了正常范围，那么父母不妨给他一个他喜欢的玩具，或与他做游戏、讲故事等，转移之前的注意力。与此同时，父母也可利用随时发生的事情来转移孩子的注意力。当孩子的注意力很难被转移的时候，父母不妨连续尝试几种方法，并从中找到最佳的应对办法。

归根到底，训斥绝不是让孩子作出改变的灵丹妙药。只有巧妙运用其他手段，孩子才能改变思维，而不是抱着怨气面对父母。

做好眼前的事吧，别总是好高骛远

作为家长，你是否认真地想过孩子的梦想是什么？你是不是觉得只有踏踏实实地学习才是万无一失、很有前途的出路。

"为什么在学习面前，我的梦想变得一文不值？"这是一个女孩歇斯底里的叩问，却道出了所有"同病相怜者"的痛。因为她的梦想得不到父母的支持，她从此把自己变成了只会学习的工具，由于内心极度苦闷，她选择结束自己年轻的生命。

你也想让你的孩子也变成这样子吗？让我们来看看这封"天堂的来信"。

妈妈，请允许我最后一次这样叫你，但你知道这声妈妈包含了我多少委屈和多少怨愤吗？

你关心过我的感受吗？你真真切切地体会过我的内心世界吗？我不是什么都不懂的小狗，我有我的思想，我有我的梦想，可是为什么这些你统统都视而不见呢？

看到别的同学可以跳出一段优美的芭蕾舞，你知道我有多么地羡慕和忌妒吗？我本来也可以这样子的，可是你却有一万个理由来阻止我，我还清楚地记得那天的事情。

"妈妈，我有一个梦想，我想成为最棒的芭蕾舞演员。"当时我的激动之情无以言表。

"连学习成绩都上不去，你还有什么能力学好舞蹈呢？这个能给你拿高分，能让你考上名牌大学吗?"

"妈妈真俗气,就知道整天把分数挂在嘴边。"我当时真的觉得妈妈你就像葛朗台一样,葛朗台爱财,你爱分数。有点轻微的鄙视,但是我知道那是为我好的话。

"要么就稳下心来好好学习,要么别上了,整天想一些没用的,你以为你的学费那么好赚呀。"你还是一个劲地说。

"知道了,别说了。"我实在有些无法忍受妈妈你的唠叨。在你的唠叨里,我的梦想根本一文不值。一阵悲凉突然涌上心头,我突然觉得我的梦想很寒酸。

在以后的日子里,我根本就不愿意再去碰触那个所谓的"梦想"了,但是我还是会经常被它"骚扰"。大家在一起的时候经常会谈及以后的梦想,每一次我都故作鄙视地看着他们,因为这是一群做白日梦的家伙,我愤愤地想,但是其实我的内心一直有一个声音,一个渴望倾诉的声音,一个渴望被理解的声音。"我想做一名芭蕾舞者。"我多想大声地喊出我的梦想啊!

自从那件事情之后,我总是不能很平静地跟你说话了。对于不能够给我支持的人,我还能在其他事情上给予希望吗?

我完全将自己给"打包"塞进了无休止的学习当中去,尽管这样,我还是不能够取得很好的成绩,我越来越不相信自己,我越来越痛恨你的霸道和愚昧。

既然不能做自己喜欢做的事情,又不能像别的同学一样在学习上给自己争一口气,我活着还有什么意思呢?

看到这样的一封信,相信任何一个家长都不会无动于衷,美好的梦想竟然要用生命去祭奠,这个代价是怎样的沉重和悲哀呀!

当你的孩子告诉你他的梦想时,不管这个梦想会持续多久,也不管明天他又会萌生什么新的梦想，但是这一切与你的孩子能有可贵的梦想相比，又算得了什么呢？难道你想要一个没有梦想的孩子吗？在你的孩子还有梦想的时候，告诉他你支持他，你相信他，这该是何等让他欢欣鼓舞的激励啊！

或许家长只是一句无心之失，但是你不能忽略自己的语言对孩子的影响，有些话就像是禁忌一样，无论如何都不能对孩子说。只有拥有梦想的孩子，才能勇往直前，不畏艰难，所以不要打断孩子梦想的翅膀，成为孩子的助力，让梦想带着他展翅翱翔吧。

1. 教孩子做一个梦想践行者

梦想只有回归到实践中，才具有真正的价值。试着和你的孩子一起为他的梦想"出谋划策"，给出一个可行的计划。这样孩子的梦想总有一天会成为现实，而不仅仅是一个遥不可及的目标。

小梦学习成绩不好，但是她却有一个很大的梦想，就是考上中央美院。这个梦想她不敢告诉别人，怕别人耻笑自己，因此她只告诉了自己的妈妈。小梦的妈妈听了女儿的理想之后，没有嘲笑孩子，也没有指责她，而是给小梦买来了书籍和画具，并鼓励孩子朝着梦想努力。现在小梦的美术水平很高，人也自信多了。

如果孩子有梦想，就要鼓励他勇敢去追求，而不是望着自己的梦想轻叹。在孩子目前情况不太好，却抱有远大志向的时候，家长只需鼓励孩子实践自己的梦想就好，就事论事，不要打击孩子的自尊心，否则孩子会就此沉沦，越来越自卑。

2. 支持孩子的每一个决定

也许你的孩子为了梦想会有很多的计划，在这个逐步实施的过程中，他会遇到各种困难和阻力，可是只要孩子的出发点和目的地都是正确的，不管孩子做出什么样的决定，你都要鼎力支持，这会给他带来极大的自信。在他很沮丧的时候，告诉他："孩子，我觉得那样做很好。"或者："你的决定是对的。"

你的支持只不过是简单的几句话而已，不要吝啬于简单的几句话，它能够给孩子无限的力量。

你哪来那么多问题

孩子的天性就是好学好问，周围的事物对于他来说总是保持着一种神秘感，并对所有的事物都感到新鲜有趣，上至日月星辰、刮风下雨，下至河流山川、海洋生物，他总是什么都想知道，并总是认为家长什么都知道。

于是，孩子从会说话的时候就总缠着家长问些稀奇古怪或被家长认为不值一提的问题。家长对孩子所提出的这些看似稀奇古怪的问题一定要正确对待，不要不予理睬，更不要因为孩子提的问题很无聊而恼羞成怒，甚至批评孩子。因为这种对所有事物都好奇的天性就是求知欲，求知欲是来源于孩子内心自发的积极要求。求知欲在孩子的成长过程中发挥着重要的作用，使孩子将"要我学"变成"我要学"，进而不断地促使孩子去探究新事物，让孩子从中得到新的启发。

所以，家长在帮助孩子学习的过程中应该先唤起孩子的求知欲，这样，孩子才能产生持久的学习动力。

峰峰第一次吃荔枝是在他一岁多一点的时候,那时,峰峰才刚刚能说话。

他抓起一个荔枝刚要往嘴里放,突然好奇地问爸爸:"爸爸,这里面的核是什么样子的?"爸爸笑着问他:"宝宝,你觉得会是什么样子的呢?"于是峰峰歪着头,很专注地想了想,说:"是圆的。"

爸爸接着问:"为什么呢?"

"因为荔枝就是圆的。"

"哦,那它会是什么颜色的呢?""嗯……和桃的颜色一样。"峰峰肯定地答道。爸爸又继续引导他说:"那会不会是另外的样子呢?因为你吃的是荔枝而不是桃呀,你怎么能肯定它们的核是一样的呢?"峰峰疑惑地看着爸爸,说:"那它是方的吗?"

就这样,峰峰和爸爸针对荔枝核的形状"讨论""研究"了半天,可是爸爸始终没有告诉峰峰荔枝核是什么形状的。峰峰想了很多种荔枝核的形状,最终说:"我还是先吃一个再说吧。"爸爸笑道:"好好,看看它到底是什么样子的,看你想对了没有。"

在峰峰猜想荔枝核的过程中,他的想象力得到了充分的锻炼,并且爸爸从头至尾都在启发、引导他,并没有直接地告诉他一个答案,他的整个思考过程,甚至到最后"吃一个"的动手解决问题,都是他独立完成的。峰峰的妈妈在旁边看了爸爸引导他的整个过程,之后妈妈对爸爸说:"还是你有耐心,要是我听到孩子问'荔枝核是什么形状的',我就会直接说'椭圆的'或者'你自己打开看看不就知道了吗'。"爸爸对妈妈说:"这样说对于我们来说确实省事,对孩子来说也很快就知道答案了,可是我们会丢掉一次锻炼孩子思考能力的机会。"

由峰峰的故事我们知道,父母在满足孩子求知欲的过程中,同时也在培养孩子的思考能力。父母回答问题的时候不要直接回答，而是利用反问，启发孩子对自己提出的问题进行思考，或者鼓励孩子自己动手探索问题的答案。

求知欲来自于主动探索和独立思考，主动追求知识的前提条件，必须是知识能带来快乐，而不是挫折。父母为了能够提高孩子的求知欲，应当努力帮助孩子，让孩子不断地在学习的过程中获得知识的欢乐。孩子是否聪明，不在所掌握的知识有多少，而在于是否会思考。

如果家长对孩子的问题感到不耐烦，用"你哪来这么多问题"这样的话搪塞孩子，那么孩子的好奇心会受到压制，求知欲也会慢慢降低。不要忘了，语言是孩子求知的重要途径，提出问题是好现象，家长一定要保护好孩子的求知欲。

1. 支持孩子提问题

当孩子在提出问题的时候，无论正确与否，家长都应当予以赞赏和支持，孩子在从中得到满足后就会激发他的求知欲。如果家长表示反感，那么就会泯灭孩子的求知欲。孩子的求知欲是在家长的欣赏、鼓励中产生的。不能因为孩子所提问的问题幼稚就加以阻止，应当领着他去探究，帮他找到其智慧所在，进一步增强孩子的自信心。

梅梅就像一个问题专家，不知道她的小脑袋瓜里哪里来的那么多问题，总是问个不停。梅梅的妈妈工作很忙，忙碌一天之后，回家面对孩子的问题她总是显得不耐烦。刚开始孩子挨说了还是会问，但是妈妈无视、批评的次数多了，梅梅就学"乖"了，不再问问题了。到了上学的时候，梅梅对学习总是兴趣乏乏。

孩子成长的过程当中，家长的角色很重要，有时孩子会以家长的引导为方向。如果家长说是错的，那么孩子就会改正，因为他的是非观还在发展当中，所以家长不要因为缺乏耐心而禁止孩子问问题，多支持孩子，才是对他的成长最有利的。

2. 鼓励孩子的求知欲

当孩子发现一种新的现象或提出一个问题时，家长应当表现得热情，让孩子感受到家长也和他一样兴奋，而不是漠不关心。那么这样孩子就会更加积极地观察周围的世界。当孩子在求知欲中取得一定成绩的时候，父母应当对其进行表扬，以满足孩子的成就感，使孩子的求知欲受到鼓舞。

3. 通过游戏培养孩子的好奇心

孩子总是喜欢游戏，在游戏中，孩子总是会将自己所会的全部派上用场。孩子喜欢玩过家家，而且喜欢扮演成父母，并将父母的生活表现出来，通过游戏就满足了孩子充当父母的欲望。在游戏中，孩子有可能表达的就是想对家长说但又不知如何开口的心里话，所以父母应当多花些心思去倾听孩子的话。

思思本来学习比较被动，但是通过她父母的努力，现在的思思对学习充满了兴趣。她的父母总是利用游戏的机会引导孩子发问。渐渐地，思思有了好奇心，她总是喜欢问问题。面对孩子的问题，思思的家长总是耐心回答。时间久了，思思便有了浓厚的学习兴趣。

耐心是家长在教育孩子时必不可少的条件，如果你的孩子不爱提问，那么就要多设计一些亲子游戏，在游戏中引导孩子发问。

4. 陪孩子一起看有趣味性的知识读物

父母要留给孩子读书的时间，并且经常询问孩子有什么有趣的发现。父母如果有时间，可以与孩子一起看书，还可以与孩子一同讨论书中所提的问题，这可以帮助孩子学会从不同的角度看同一件事物。

这事不怪你，都是别人的错

宠爱自己的孩子是每位家长的本能，这无可厚非，但是如果宠爱过了头，就成了一种溺爱。孩子没有健全的是非观、价值观，是因为他正处于成长阶段，这个时候家长的一句话都有可能改变孩子的一生，对孩子的未来产生巨大的影响。

当孩子遇到问题的时候，很多家长都会安慰孩子，但是如果选错了方式，说错了话，那么就可能会对孩子造成不良的影响。比如"是别人的错"，这种话一定要客观，如果只是单纯想要安慰孩子，有失公允地说出这句话，那么很有可能对孩子的认知造成偏差，让孩子成为一个喜欢推卸责任、没有担当的人。

小阳的学习成绩原本一直不错，但是最近他却迷上了新出的一本漫画，这本漫画深深吸引了他的所有注意力。而小阳的同桌也很喜欢这个漫画，两个人就每天一起看漫画。这时离期末考试已经不远了，老师说过他很多次，但是小阳依然沉溺其中无法自拔。

期末考试的时候，小阳面对着一堆不会做的题目，这时才开始后悔自己当初不应该沉溺于漫画，但是为时已晚。成绩三天后出来了，小阳的成绩一落千丈，一下子从班上前几名掉到了四十名，这让小阳接受不了。

小阳意识到了自己的错误，明白造成这个结果的原因是什么，于是整个人都充斥着失落的情绪。小阳的父母本就心软，虽然他们知道儿子的确是因为没有好好学才会考得如此之差，但是看到自己儿子这样，他们还是想尽办法去安慰孩子。

但是小阳的父母选择错了安慰的方式，他们对小阳说其实这次考试没有考好并不是小阳的错，而是他的同桌不好，要不是他的同桌，他一定不会这样沉溺漫画无法自拔。这样一哄还真奏效了，没过几天小阳就走出了失落的情绪。但是更严重的问题随之而来，小阳尝到这次的"甜头"之后，也被自己所蒙蔽，坚持认为自己没有做错，而且在这之后每次犯错，都会想方设法为自己编一堆开脱的理由。

小阳的父母对此感到很懊恼，要不是他们之前对儿子的错误过于宽容，儿子也不会变成今天这样，不肯承认自己的错误，只会将责任推给别人。

家长对孩子潜移默化的影响远远超出了家长们的预期，小阳的父母原意是鼓励孩子，安慰孩子，但是选错了方式，说了错误的观点，这对孩子造成了不良影响。现在很多父母都抛弃了非打即骂的粗暴教育方式，选择用语言教育，但是语言也是一门艺术，如果说了不该说的话，那么就有可能像小阳父母那样追悔莫及了。

相信没有一位家长希望自己的孩子成为一个懦弱、不敢承担责任的人，但是孩子的性格并不是一天形成的，所以要注意对孩子的教育方式，不能让孩子养成推卸责任的坏习惯。

每个人都有失利的时候，尤其是成长中的孩子，总会遇到各种各样的挫折，有时也会犯错误。面对失落的孩子，家长们应该怎样做呢?

1. 给孩子一个补救的机会

孩子遇到问题、挫折，或犯错误，都有原因的，但是这个原因不应该出家长找，而是应该引导孩子自己找出问题的原因，找到错误所在。然后，家长再用宽容的态度去面对孩子所犯的错误，给他一个改正的机会，但不要放纵孩子，这样只能让孩子学会推卸责任。

当孩子犯错的时候，家长要理智对待。如果孩子感到失落，家长要引导他走出心理阴影，将精力放到弥补上，给下一次的成功积累经验。这样既转移了孩子的注意力，让孩子走出失落，同时也让孩子学会了解决问题的方法。

2. 鼓励孩子勇于承担后果

在孩子失落的时候，很多家长为了引导孩子走出失落，都会安慰孩子，但是对于孩子的未来而言，最重要的是培养他勇于承担后果的勇气。孩子犯了错误，那么他本身一定存在问题，这个时候家长不要想尽办法为孩子开脱，而是要引导孩子去解决问题，这个过程自然就是培养孩子责任心的过程。

程程在丽丽家玩，两个人在家里追逐。程程为了躲丽丽，不小心撞到了丽丽家的一张桌子。桌子上放了一个花瓶，本来看到瓶子晃了晃，程程伸手想扶住它，没想到兴头上的丽丽只顾着抓住他，紧紧地拽住了他的袖子。就这样，程程眼看着花瓶掉在地上。他觉得这不是自己的错，但是程程的妈妈告诉他："即使因为丽丽抓住你你才没能挽回瓶子，但是这并不代表你一点责任也没有。"听了妈妈的话，程程跟着妈妈去丽丽家道歉了。

有时孩子的错误当中掺杂了一些其他的原因，这不代表孩子一点问题也没有。家长要让孩子知道，即便别人也有责任，但自己的责任一定要自己承担，这样才是对孩子最好的教育。

3. 粗暴的方式不能用

虽说让孩子推卸责任是错误的行为，但是家长也不能强制性地要求孩子承认错误，因为在家长的强压之下，孩子可能只是表面上承认。实际上家长的目的应该是让孩子认识到自己的错误，从而避免下次再犯，所以要和孩子讲道理，让孩子真正地承认自己的错误，而不是表面上的敷衍。

什么都做不好，长大后有出息才怪

在很多父母的眼里，孩子就是自己的一种精神延续，因此总想用最快最有效的教育方式，让他尽早掌握生活的知识、社会的知识。看到孩子刷不好碗，嘴上不免批评几句；考试成绩令人失望，不免又想训斥一番……一而再、再而三，父母嘴里就蹦出了这样"刻薄"的话："这也做不好，那也做不好，你到底还能做什么！"

父母发怒的同时，一定没留意孩子脸上的委屈与落寞。其实，孩子由于身心发展水平较低，认知能力、思维发展、自我控制能力等比较差，因此犯一些小错误是难免的，也是情有可原的。如果父母对其要求过于苛刻，总是不停地指责孩子，势必给孩子的心理造成负面影响。

郑晴是个 12 岁的孩子，但是从来都不快乐。为什么会如此，她在日记里如此表达：

现在，我真的不想回家了。每天我刚一进家门，妈妈就开始唠叨，说什么

‘你一点都不争气啦、学习不用功啦、在家里做作业慢吞吞的啦、一点上进心都没有啦……’有的时候，她还会说：‘你这也做不好，那也做不好，你到底以后能干得了什么呢？是不是你要让爸爸妈妈养着你一辈子？’

"这样的语言，几乎每天都能听见。的确，我承认有些事情做得不够好，可是这就能判断我就是个一无是处的人吗？妈妈总是在指责我，说我不行，难道我就一点都不好吗？我的数学也考过100分呀，可是妈妈却视而不见；我也是小队长啊，可是妈妈却觉得当个小队长没啥意思……难道我不是爸爸妈妈亲生的吗？若是爱我，爸爸妈妈不可能对我这么凶……我现在都不知道怎么做妈妈才能满意了。"

"也许妈妈说得没错吧，我真的是个废物。我到底能做好什么呢？"

一个不过十几岁的孩子，却有如此沉重的心情，由此可见父母把她逼到了何种程度。其实不仅仅是郑晴的父母，很多父母的标杆永远超越孩子的水平，这是今天许多孩子的悲哀。

在父母看来，一件很简单的事情，孩子总是做不好，难道这就不能批评教育吗？诚然，适当地批评能够让孩子作出积极的调整，但如果父母忽略孩子正常的心智发展规律，对孩子有错必究，指责铺天盖地，那么就会严重挫伤孩子的自尊心与自信心。时间长了，孩子就会形成一种消极的思想："对，我就是什么都做不好！我不行！"从此，自卑的种子开始在心中生根发芽，正如案例中的郑晴。

其实，孩子只是希望得到别人的理解，盼望公正的评价，可是当父母时常把孩子贬损得一无是处的时候，那么孩子就会表现出明显的抑郁，影响身体健康，甚至会产生厌世情绪，乃至做出伤害自己以及他人的极端行为。所以，父母不要过多地指责孩子，即使犯了错，也应该懂得"人非圣贤，孰能无过"。

这样，孩子才能从失败的阴影中走出。

心理上的理解是第一步，更重要的则是行动上的改变。

1. 别强调孩子的弱项

也许孩子的某个方面的确没有优势，但父母也不可因此再"强化"。例如，孩子的身体不好，体育各项目自然不甚优秀，这个时候如果父母说："瞧你瘦得像猴一样，你能跳得远吗？你能把铅球掷到 10 米以外吗？"孩子必然会感到"受歧视"，认定自己就是无能。

正确的做法，应当是父母努力开导孩子："没关系，体育成绩不好，咱们可以锻炼啊！刘翔也不是生下来就会跨栏。别人练习半个小时，咱们就练一个小时，总会有提高的！"这样，孩子受到鼓励，自然会努力消除自己的弱项。

2. 少一些评论，多一些鼓励

看到孩子失败，父母先别着急着评论，不妨让他多尝试几次。很多事情，孩子失败的重要原因就是不熟练。当他渐渐明白这件事的方法与技巧后，失败自然越来越少。

这天辉辉吃完饭，爸爸批准他自己收拾餐桌、自己刷碗的请求。辉辉从来没有做过，收拾的时候筷子掉了一地，这么简单的事情孩子都没做好，但是爸爸就像没看见一样，仍旧坐在电视前看节目。辉辉将筷子捡了起来，之后手忙脚乱地收拾桌子，花了整整一个小时才做好。做完之后，爸爸用赞许的眼光看着满身是水的辉辉，辉辉觉得自豪极了。

人总会犯错，但犯错之后需要有人给他们机会，这样人们在汲取教训的同时才能在以后的生活中做得更好。大人如此，孩子也不例外。孩子们不用家长时刻提醒自己做错了什么，有时他们自己会意识到，所以家长不要马上对孩子的错误行为作出评论，不如让孩子多尝试几次，这样才能让孩子慢慢进步。

3. 用宽容面对孩子的错误

成长当中的孩子有很多第一次尝试，比如第一次洗碗、第一次拖地……尝试对于孩子而言是非常宝贵的经验，即便他们犯了错误，即便是低级的错误，也是值得鼓励的。不要将孩子的小错误无限放大，试着用宽容对待孩子的错误，这样孩子才能带着自信心慢慢进步。切记，粗暴的教育使不得。

孩子，你可是全家的寄托啊

望子成龙，望女成凤，每个父母都希望自己的孩子出色，能够受到老师、同学的关注，成为别人羡慕的楷模。父母的这种期望没有错，但是，如果对孩子的期望超出了孩子的能力，它所产生的各种副作用是相当可怕的。尤其是"孩子，你可是全家的寄托啊"这种话，更会把孩子柔弱的肩膀彻底压垮……

贾兰生活在一个普通家庭，父母都是钢铁厂的工人，生活十分艰辛，这让父母对她充满了期望。"孩子，你可要努力，你是全家的寄托啊！"贾兰听着这些，无辜地眨了眨眼睛。

父母是这么说的，也是这么做的。上小学时，妈妈给她报了美术、舞蹈、英语、钢琴、书法5个辅导班，贾兰要做各种练习，晚上12点以前不能睡觉，星期天则上完这个辅导班，接着上那个辅导班。看到贾兰想抱怨，妈妈立马说："孩子，别忘了你担负着全家的责任！"

进入初中后，贾兰肩上的压力更大了，妈妈要求她每次考试都要得第一。为此，贾兰为了功课很少离开书桌，根本不像十几岁的孩子。中考时，贾兰以优异的成绩考上了一所高中，但父母却认为这不利于孩子的发展，于是花了三万元的赞助费让女儿上了一所省重点高中。

进入高中，贾兰这才发现，想要得第一并不是容易的事情。她坚持不懈地努力学习，到高二时，在班上的学习成绩终于跻身前十名。然而，就在高考模拟的前夕，她却意外晕倒在了考场上……

在医院，贾兰向老师说出了这样一番话："从小到大，家人就是让我出人头地。从我记事起，父母都要求我考第一，我真担心有一天不能做到的时候，会是什么样的结局……每当我从噩梦中醒来，脑海里就浮现出父母的那句话，'你可是全家的寄托啊'！"

正是由于父母的高期望，贾兰失去了这个年龄应有的活泼和无忧无虑的生活。也正是这份高期望，压垮了孩子柔弱的肩膀，几乎将她逼上了绝路。

"你可是全家的寄托啊！"相信很多孩子，对这句话毫不陌生，同时也无比恐惧。在一次中小学生心理调查中表明，有87％的学生感到学习困难的原因，不是智商与学习能力的因素，而是情绪因素。在家长的高期望值下，孩子们会表现出厌学、考试焦虑、丧失自信、自我形象贬低、胆怯畏难等负面情绪。这就是为什么有的父母为孩子大投入，却收效甚微的原因。

父母应当明白，孩子只是雏鹰，翅膀还很稚嫩，他们需要在一个宽松愉悦的环境下成长，然后才能展翅高飞。父母希望孩子有出息是对的，可是对孩子的要求一定要符合其年龄和个性特征。对孩子的期望值并非越高越好，不切实际的期望反而会扼杀孩子的天性，引起孩子逆反、压抑和怨恨等种种负面情绪。有的孩子会以为，自己无论怎样努力也达不到要求，无论怎样努力都是失败，从而对自己的能力产生了怀疑。极端的孩子干脆"死猪不怕开水烫"，反正达不到要求，索性破罐子破摔了。

父母摆正期望的天平，这是当代家庭教育中一个必须引起重视的问题。

1. 降低对孩子的期望

首先，父母在脑海里要有这样的意识：考第一的孩子不一定都能够健康成长，不一定有个顺利的人生。父母应该降低对孩子的期望，比如孩子成绩比上一次提高了，钢琴有了进步，父母就要适当鼓励孩子，肯定孩子的进步，这样孩子才有动力。

2. 给孩子合理的定位

在成长的路上，孩子需要的是赞扬，是成功的体会。所以，父母应给孩子合理定位，让孩子尝到成功的喜悦。

赵广按照妈妈的要求，报名参加了美术班。与其他从小学画画的同学相比，他还有很大的差距。因此，妈妈并没有要求他考到第几名，只是对他说："孩子，希望你能从美术中体会到快乐！现在，你的任务就是学好基础，等将来咱们再超越他们！"一个学期结束了，赵广的画仍然不是很好，但也有了明显的提高。妈妈很高兴，奖励了他一部游戏机，并对他说："咱们下学期考到中游水平就行！"就这样，在几年的时间里，赵广逐渐地提高着，在美术中感到了无尽的快乐。最后，他成为全班唯一考入中央美院附中的学生！

赵广妈妈的方法就非常适合孩子。鼓励孩子分步骤地完成计划，而不是下达硬性指标，这样孩子就会扫除恐惧感，学习起来轻松许多。同时，父母还应允许孩子犯点小错，允许孩子有失落低谷。

3. 别拿客观条件给孩子施压

有的父母为了"刺激"孩子，总是喜欢这么说："孩子，我和你爸爸为了你砸锅卖铁啊，你怎么就是这么不争气，差几分就能拿第一了，你怎么不想想我们为了你多么操劳啊。"

表面上看，这样会刺激孩子的进取心，但这更容易让孩子产生很强烈的内疚感、自卑感，这种负面情绪对孩子的心理健康是非常有害的。父母一定要知道，你为孩子所做的一切是你的义务，不要跟孩子谈条件。只有让孩子按照规律正常成长，他才能不断地进步，在循序渐进中达到你期望的目标。

大人说话，小孩别插嘴

"大人说话，小孩别插嘴。"这可能是最常见的一句话了，因为小孩子总是喜欢在大人讨论问题的时候发表一下自己的看法。如果你的口头禅就是这样，那么你就要注意了，你很可能因为这句话伤害了你的孩子。

或许很多家长都觉得这句话没什么问题，但是你要知道，孩子的自我意识正在发展中，他需要得到尊重。如果家长忽略了这点，那么会对成长中的孩子产生不良影响。

孩子正处于好奇心旺盛的年龄，他们对一切都感兴趣，再加上自我意识的发展，便有了自己的思想和看法。另外，他们急于表现自己，所以才会发表自己的意见。此时，家长的态度对孩子的成长至关重要，如果家长鼓励孩子说出自己的看法，那么孩子就会越来越勇敢，越来越独立，越来越自信。反之，孩子则会变得怯懦、自卑。

作为家长，不该去扼杀孩子的表现欲，而是应该引导孩子，让他走上健康的成长之路。这样，未来的他才有勇气面对生活当中的各种挑战和竞争。

在这里要奉劝各位家长，对孩子要有些耐心，不要因为孩子的插嘴而觉得不耐烦，也不要为了所谓的面子而呵斥孩子，这些做法都是错误的，其实还有更好的办法。比如你可以教导孩子什么时候才是合适的说话时机，什么样的表达方式才是正确的，等等。唯有如此，才能让孩子逐渐掌握和人的交往方式，获得人生经验。

面对喜欢插话的孩子，家长可以试试以下几个方法。

1. 让孩子做其他喜欢的事情

其实思考一下不难发现，孩子有时插话只是不想被冷落，想要融入大人的谈话当中。所以家长只要不让孩子失去存在感，他或许就不会"强出头"了。

这种时候可以想办法转移一下孩子的注意力，比如告诉他他喜欢的动画片快要开始了。这样孩子马上就会找到另一件可以做的事情，也就不会打扰到大人们的谈话了。不过家长们应该要注意，不要用打发的语气和孩子说话，要有耐心，这样孩子才会认真地去思考你的建议。

2. 留些耐心，听孩子说完

其实有的时候孩子们的意见不一定就不能采取，家长们打断孩子只是因为觉得孩子还太小，但是不要忘了，孩子正处于自我意识形成时期，已经有了独立的思想，听听又何妨？

肖雪是个急性子，到了自我意识形成时期，更是急于表现自己。在爸爸妈妈谈话的时候也总是插嘴，而且说话很急切。看到女儿这样，肖雪的父母并没有呵斥她，而是耐心地对她说："别急，慢慢说，我们听着呢。"在女儿说完后，他们先是分析了孩子的意见，然后再告诉肖雪，打断别人说话是很不礼貌的行为。慢慢地，肖雪不再总是插话了。

肖雪的父母无疑是明智的，实际上孩子们打断大人说话只是想引起注意，急于表达自己的看法而已。所以，家长不妨静下心来听听孩子的看法，之后再对孩子进行教育就好。

3. 偶尔也和孩子讨论讨论

家长们很少认同孩子平等的身份，总是以一个教育者的身份和孩子谈话。这样，当孩子自我意识形成之后，就会急切地表现自己，想要证明自己的成长。所以家长平时应该多以平等的身份和孩子说话，这样孩子才能真正接受你的教育，而不会盲从，或是产生逆反心理。

对待别人，得学会藏着点"心眼"

谚语有云："一两重的坦诚，胜过一吨重的聪明。"可见坦诚之重要。

彭德怀元帅也曾说过："茄子不开虚花，小孩不讲假话。"可见孩子的本性是天真坦诚的。

由于涉世未深，你的孩子完全不通人情世故，他们心里想什么就会说什么做什么。作为家长，万不可把孩子的这种天性抹杀。与其把成人世界里的那一套"八面玲珑"之术教给孩子，不如让他保持天性，学会坦诚待人。因为这种天性难能可贵。

6岁的星星是个心直口快的小女孩。她家邻居刘太太最近新买了一套卧室窗帘。星星的妈妈偶然看见了，回家就和爸爸议论说，刘太太品位真差，那窗帘颜色看着真让人恶心。没想到单纯的女儿把这话给听了进去，一直好奇想看看这让人恶心的窗帘到底长什么样。

一天，闲来无事，妈妈带上星星到刘太太家闲聊。星星可算找着了机会，于是对刘太太说："刘阿姨，我能不能看看你家的新窗帘啊?"

"当然了，难得咱们的星星感兴趣"刘太太微笑着回答说。

星星立马跑进了卧室，没过多会就带着一副困惑的表情出来了。

刘太太连忙问她怎么了，星星一脸不解地看着妈妈，撅起小嘴说道："妈妈，你骗人，刘阿姨家的窗帘并没有让我恶心呀!"

刘太太的脸霎时由红变绿，微笑凝固在了脸上。尴尬万分的星星妈妈恨不得挖个地洞钻进去，慌忙说道："呵呵，不好意思，童言无忌，别往心里去哈。呵呵，突然想起来我还有事，先走了哈，再见!"说着拉起星星夺门而出。

一进家门，妈妈就狠狠地批评星星说道："你这孩子，说话怎么总是那么'直肠子'，你知道别人会怎么想呀? 我的脸都被你丢光了，以后不许这样! 再这样小心我揍你。"

星星委屈的眼泪立马掉了下来，哽咽着反驳道："星星没有说错，是妈妈错了。老师教我们要做个诚实的孩子，为什么星星说了实话，妈妈还要怪我? 这不公平。"

爸爸再也看不下去了，边替星星擦眼泪边对妈妈说道："你也真是，孩子那样坦诚没有错。错的是你，在背后说人家不是，被孩子戳穿丢了脸，就把气撒到孩子头上。快和女儿道歉!"

妈妈也意识到了自己的失误，惭愧地向星星道歉："对不起，宝贝。是妈妈不对。你很坦诚，是个好孩子。妈妈要向你学习。"

星星破涕为笑，点点头原谅了妈妈。妈妈看着女儿纯真的笑脸，陷入了沉思……从这件事后，妈妈就渐渐改掉了背后说人不是的毛病。

孩子天真无邪的话语和行为仿佛心灵的纯净器，能让蒙尘的心情豁达明朗，冰冷的桎梏融化。在一些场合，尤其是在与别人相处交往的时候，天真的孩子很可能会说出一些不合时宜的话，导致大人们很尴尬，哭笑不得。

事实上，孩子可能根本没有意识到这些话是否合适。遇到这种情况，家长往往就会很生气，责怪孩子给自己丢了脸，于是便严厉制止他这种坦诚的言语和行为。有的家长还担心孩子的心直口快会让他们吃亏或是伤害到别人，所以总是有意无意地暗中提醒孩子："对待别人，不要总是直肠子，你知道别人怎么想的呀？"

殊不知，这样会给孩子造成心理障碍，在与别人交流的时候瞻前顾后，畏首畏尾，给别人一种很不坦诚的感觉。长此以往，必然会造成孩子人际关系上的诸多不便，对于自身性格和品行的塑造也大为不利。想想看，孩子小小年纪就跟大人一样少年老成，失去了原本的童真和快乐，岂不是一件很悲哀的事。

如果孩子变得虚伪，必然会让别人讨厌和排斥，那么家长应如何加以引导呢？

1. 父母做榜样

父母是孩子最好的老师，在生活中父母要做好榜样，摆正自己的心态，待人接物应该公正、真诚。要知道，你的一言一行都在潜移默化地影响着孩子，

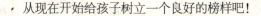

从现在开始给孩子树立一个良好的榜样吧!

2. 多接触正面事物

要注意让孩子多接触正面的人物，避免让孩子接触到品行不良者。应该严格禁止孩子去一些成人场所，如网吧、游戏厅等。不把孩子牵扯到成人的日常生活交往中来，尤其是成人间的尔虞我诈，避免孩子思想上遭受污染，受到不良影响。

3. 为诚实的孩子喝彩

如果孩子说了真话，即便让你感到尴尬，也不能为了自己的面子批评孩子，因为这有可能造成孩子认知的偏差。最好的方法就是为孩子的诚实喝彩，但是也要告诉孩子什么样的话要在什么样的场合说，当然，这是一个长期工作。

另外，如果你的孩子不习惯于表达自己的真实想法，那么家长就要多加引导。比如有什么问题的时候引导孩子发表自己的意见，无论孩子的意见是什么样的，家长首先都要肯定孩子勇于表达自己真实想法的行为。至于孩子错误的观点，家长要动之以情、晓之以理地告诉他正确的观点是什么，为什么。

我的宝贝，妈妈怎么忍心让你吃苦呢

谁能肯定自己的孩子在将来的人生当中能够一帆风顺？谁能保证自己的孩子不会遭受任何的风雨？我想明智的父母都不会这么想。

父母应该为孩子将来面对困难做一些准备，父母有必要让孩子在年幼的时候就适当地吃一点苦，这样他们才能在将来面对艰难困苦的时候有所准备，而不至于惊慌失措、束手无策。虽然保护孩子是家长的本能，但是没有哪个家长能够陪伴孩子一生，他未来的路一定要靠自己，所以家长有时要收起对孩子的溺爱，让孩子吃一些苦。

千万不要让孩子认为家长舍不得让他吃苦，这样孩子就会从心里依赖父母，即便遇到困难，他们也不会担心，因为他们心中认定家长一定会帮他们解决所有的问题。如果孩子有了这种认知，那么家长就无法彻底放开双手了。

小瑞的父母都有不错的工作，每个月都有丰厚的薪水，所以小瑞的生活自然是不愁吃不愁穿。小瑞的父母很小的时候家里很贫穷，生活对于他们来说是无比地艰辛。所以他们觉得自己已经吃过那么多苦，绝对不能让自己的儿子再吃这样的苦，过艰难的生活。于是他们整天宠着小瑞，他想要什么便给他什么，也不让他做任何的劳动。时间久了，小瑞自然也就习惯了这种养尊处优的生活。

然而小瑞的父母一直没有意识到他们这么做的危害，他们只是一心想着让儿子过上幸福的生活，却对儿子的未来毫无考虑，这也为小瑞日后长大成人却依然难以独自承担风雨埋下了伏笔。

小瑞上小学五年级的时候，有一次学校组织夏令营活动，小瑞的父母为儿子准备好了一切所需的物品，次日小瑞和全班同学出发了。

到了目的地的时候，老师让同学们将自己的物品放到宿舍里，然后自己整理收拾床铺。但是小瑞却站在自己的床前不知道该干什么，因为他在家里从来没干过这些家务活，他不知道床单应该怎么铺上去，也不知道生活用品应该怎么摆放。到了吃饭时间，大家吃完之后都自己去洗碗，但是小瑞看到自己油腻的碗时，竟然下不去手，他担心那些油污会弄脏自己。不仅仅是这些，小瑞在其他生活方面也是一无所知，而且需要他做事的时候，他也是扭扭捏捏，不愿意吃一点苦头。

回家之后，小瑞将自己遇到的问题告诉了父母，但是父母却一点都不责怪自己的儿子，反而认为学校组织的这种活动毫无意义，让孩子们吃苦是不对的。

小瑞的父母对他溺爱一直持续到了他上高中的时候，由于小瑞要到别的城市念高中，父母平时的百般呵护也就不可能继续伴随着他。

独自一个人生活的小瑞经常出问题，他不想干一点活，衣服穿过之后都是扔在角落里，生活垃圾也是堆满了整个房间。这还只是日常生活中的问题，平时在学校里小瑞也经常逃避一些费力的活，做起事来没有一点努力用功的样子，看到困难便转身走开，所以小瑞在学校也是碌碌无为。无论在学习还是生活中，小瑞在众人的眼中都成了一个拈轻怕重的人。

让孩子吃一些苦对于孩子而言是一种教育，要让孩子体验生活，这样才能真正地认识生活。如果家长们和小瑞的妈妈一样，认为让孩子吃苦是错误的，那么孩子也会认为自己不应该吃苦，这种错误的认知必定会对孩子的未来产生不利影响。

磨难是孩子成长路上所必须经历的，它可以帮助孩子成长，也能让孩子的心理变得越来越强大。所以不要总是担心，父母有些时候应该"狠心"一点，让孩子去体验更多的困难，并且从中积累生活经验，这样才能磨炼他们的意志。从长远来看，这样是为了避免他们未来吃更多的苦。

1. 相信孩子，认为他可以做好

实际上，来自父母的信任比对孩子的责罚更能激起孩子的责任心，而且还可以增强孩子的自尊心和自信心。所以，如果孩子失败了，父母不妨帮助孩子分析一下原因，可以指导他们，但不能包办代替。

2. 有所保留，对孩子藏起一半爱

没有不爱孩子的父母，但是，爱怜不能缺乏理智，不能爱得太盲目。身为父母，即使为孩子做得再多，也不能替代他一辈子。只有早日放手，让孩子学会自己照顾自己，让孩子学会自己走路，才是最明智的选择。

比如，孩子要求切菜，那么父母不必担心他会割破手指，只需在一旁指导他，让他练习就可以了。如果孩子房间乱了，父母不要伸手过来帮忙，而是应该让孩子自己布置房间。总之，只有父母有所保留，对孩子藏起一半的爱，才能培养孩子的独立能力，这才是真正地爱孩子！

3. 让孩子自己拿主意

孩子由于受到大人的照顾，有时候难免会有一定的依赖心理。对此，父母不要一味地纵容，而是应努力培养孩子"自己想办法"的习惯，凡事多给孩子自己做决定的机会。不要让孩子总是听从大人的吩咐，这样孩子会失去主见。

小凡是一个非常有主见的女孩子，这要归功于她父母教育有方。从小小凡的父母就锻炼她，很多事情都让小凡自己拿主意。即便做不好，小凡也会由此得到经验，一次次的尝试总能得到很大的收获。时间久了，小凡的抗压能力和自理能力都得到了很大的提高。

让孩子自己做决定是他的一种权利，不要以爱的名义剥夺孩子成长的权利。只有实践才能让孩子健康成长起来，给孩子自己拿主意的机会吧，即便他因此吃了些苦头，这也是他成长当中不可或缺的宝贵经验。

4. 引导孩子学会自我管理

生活中经常有这样的现象：孩子把东西到处扔，父母来帮着收拾；孩子的衣服脏了，父母马上洗干净；每次出门前，父母千叮咛万嘱咐，甚至还帮着检查是否带齐了东西。

这样做的恶果就是：孩子形成一种"安全感"，过分依赖父母，自己对一切事情不闻不问。结果，一旦父母有疏忽，或离开父母，自己就无法生存。

所以，父母一定要引导孩子学会自我管理，包括管理自己的生活、学习以及情绪。例如，在孩子睡觉前，要求他收拾自己的房间、整理书包；在孩子离开家门时，让他自己关好门窗，同时为宠物留好食物，等等。只有这样，孩子才能学会控制自己、约束自己，养成良好的习惯和规则意识。

运气太差了，遇到这样的挫折真是你的不幸

父母总是希望自己的孩子长大之后顶天立地，但很多时候我们会看到父母这样做：孩子在运动中跌倒，父母会说这项运动不安全，劝孩子放弃；孩子很努力地用功学习，但最后的成绩却差强人意，父母会认为孩子没有读书的天赋，不再督促孩子继续努力；孩子喜欢上手工制作，在初期制作失败的时候，这些材料工具往往会被父母扔进垃圾桶……这是孩子选择放弃吗？不是，这是父母替他们选择了放弃。

每个父母都希望自己的孩子在做一件事情的时候持之以恒，每位家长都想看到自己的孩子永不言弃。但是很多时候，父母会先于孩子产生放弃的念头，这是对孩子激情的扼杀，这是对孩子未来的否定。

不要觉得孩子的未来是由他们自己决定的，父母对孩子在某一事情上的态度对这件事情最后的结果是有巨大影响的。孩子有时候是会迷茫的，他们会从家长的态度中寻求帮助。这时候，要是父母都对自己的孩子抱有怀疑甚至是放弃，那么这将直接决定了孩子的态度，他们也会因为怀疑自己、放弃自己，将自己的未来葬送。

张强是一个上进的孩子，尽管他的成绩一直不太理想，但是他一直没有放弃过自己。他在失败后依然坚持，老师对他也很照顾，总是找时间帮助他学习。与此同时，张强也是一个心理敏感的小孩，他虽然很坚持自己的想法，但

是一旦遇到挫折，就会造成他情绪上很大的波动。

张强的父母其实并不担心自己的孩子在失败后会破罐子破摔、一蹶不振，但是每次看到孩子失败后失落的表情，父母就感觉很不是滋味。他们很想安慰孩子，并给他一些鼓励，但是又担心自己的话会刺激到孩子脆弱的心，所以他们只是安慰几句便不再吱声。

在小学四年级的上学期，刚从假期中调整过来的张强又一次自信满满地迎接新学期的到来。这学期他的成绩在中途有了很大的进步，老师也看出张强其实并不笨，所以更加乐于帮助他。在经历了几次测验之后，张强的成绩已经不知不觉爬到了班级的上游，这让张强面对接下来的期末考试的时候更加自信。

期末成绩出来之后，令人意想不到的是张强的成绩居然又回到了原来的水平，这对张强来说绝对是一次前所未有的打击。他在假期开始之后便表现得很失落，父母看不下去了，于是到学校向老师询问张强的学习状况，想从中得知张强失败的原因。

老师也不想让张强就此陷入低谷，于是就说这次考试题目过偏，对于张强这样的学生是很不利的。这固然是其中一方面的原因，但是张强的父母急于给孩子找一些心理安慰，便对孩子说了此事，并告诉他这次失败纯属意外，并不是张强的原因。在父母的这一通安慰下，张强的失落情绪得到缓和，但是随之而来的后果却是谁也不愿看到的。

张强的父母汲取了这一次安慰的"成功"经验，在随后张强每次失败之后，便帮孩子找一些客观原因，而张强也习惯了这种安慰方式。虽然每一次都不像以前那么失落，但是真正阻挡他前进的障碍一直在这种安慰下被深深隐藏。

其实张强之所以成绩不好，是因为他在学习方法上出了问题。他只知道一味地学习，将老师所讲的内容死记硬背，并没有真正理解，所以只要考题需要学生思考的时候，张强就感觉很吃力，成绩自然也就上不去。

但是老师和父母却一直没有注意到这一点，他们一直认为只要张强能保持上进的心态就能成功，于是他们便时常编造出一些理由来安慰张强。久而久之，张强便真的觉得成绩上不去并不是自己的原因，这样一来，想取得好成绩便难上加难。

在孩子遇到挫折的时候，一定会向父母寻求安慰，这是孩子的一种本能，同时也是教育孩子的一个大好机会。但是很多家长都错误地运用了安慰，将孩子的失误归咎到虚无的运气上，让孩子认为自己没有问题，只是运气差了那么一点。如果孩子总是这样想的话，那么他永远不会成功。

任何失败都是有理由的，任何事情都有前因后果，即便孩子认为自己已经付出了最大限度的努力，有时也有一些客观原因，不要总是帮孩子开脱。家长应该做的是让孩子从失败中总结经验，以便迎接下一次挑战。

1. 鼓励孩子，让他们坚强起来

有时安慰是必需的，但只靠安慰并不能让孩子真正地成长，只有让孩子直面挫折，才能让他们内心逐渐坚强起来，这才是家长喜闻乐见的成长。

图图是一个坚强的孩子，其实以前的他胆小又软弱，遇到困难就会扑到妈妈的怀里。刚开始妈妈会安慰他，但是随着图图年龄的增长，妈妈意识到孩子的内心似乎并没有成长起来，于是她改变了教育方针。面对委屈的图图，安慰过后，妈妈开始鼓励孩子。渐渐地，图图越来越勇敢，遇到困难也不会向妈妈哭诉了。

成长是一个过程，如果家长不忍心，那么孩子永远无法长大。在孩子遇到挫折的时候，不要将错误从孩子身上推开，推给运气，这样孩子会失去努力的动力，因为在他眼中运气才是最重要的。家长要让孩子知道，想得到成功就要付出实际行动，这样孩子才能越挫越勇。

2. 自我开脱要不得

趋利避害是人的一种本能，在挫折面前，孩子最怕承认自己的能力有问题，所以总会找出各种各样的理由为自己开脱。这种时候，如果家长顺应了孩子，帮他自我开脱，那么就会形成一种恶性循环。所以在挫折面前，家长要引导孩子找到问题的根本原因，而不是教导孩子置身事外。只有找到问题的症结才能从根本上解决，才能不畏下一次的挑战。

真是个胆小鬼，出了家门指定受人欺负

孩子们在年幼的时候，由于缺乏对事物的认知，所以都会很胆小。面对软弱的孩子，家长应该做的就是帮助孩子消除内心的恐惧。

要想消除孩子心里的恐惧，首先要做的就是在他们感觉恐惧的时候给予安慰，这种安慰能平复孩子内心的不安。孩子在做出胆小行为后，其实内心是十分脆弱的，他们希望有人能谅解他们的退缩，给他们包容，来缓解他们内心的恐惧和不安。

所以，父母在看到孩子退缩的时候，不要指责辱骂他们。那样做，只会让他们的恐惧感进一步加深。这不仅不利于孩子从困难的阴影中走出来，对于勇气的培养也是毫无用处的。

周周一直被父母视为手心里的宝，平时对他百般呵护，给他充足的物质保障，在这样的环境中成长的周周从小就是一个胆大与胆小并存的人。

胆子大说的是他在家里的时候，总是毫无畏惧，对父母的管教从来都置若罔闻；想要什么东西就吵着闹着要父母满足；在家里遇上不顺心的事便大发脾气，从来不会考虑别人的感受。在家里他就是个小霸王，胆大的程度超乎想象。

而胆小则是说周周走出家门的时候。因为出了家门，周周面对的是一个和家庭完全不一样的陌生环境。这个环境里没人会去理会他的哭闹，没人会像父母一样顺从于他，这让周周顿时没了底气，变得很胆小。

每当周周遇到困难的时候，他也总是选择逃避，将所有的问题交给自己的父母来处理。而周周的父母每当看到孩子逃避的时候，就会生气地骂几句"你怎么这么没用""真没出息"之类的气话，但是骂完了还是会帮孩子处理问题。所以周周也习惯了父母的"责骂"，以及责骂之后的"包办"。

周周每次逃避是因为他没有足够的自信去面对。他经常认为自己离开家庭的支持便是一个没用的人，所以面对任何问题的时候，首先想到的是自己的能力不足以解决。再加上每次选择逃避之后，父母并没有给他鼓励支持，反而是说他"没用""没出息"，这进一步加深了周周的不自信，他更加深信自己没有能力面对问题，所以遇到问题的时候逃避得更频繁了。

时间久了，周周并没有在生活中得到真正意义上的成长，他依然是一个胆小的孩子。随着年龄的增长，他的这种胆小在父母的纵容下变得越来越严重，甚至是一些原本自己很轻易就能解决的困难，也要交给父母来处理。

这就是父母由于对孩子的退缩和胆小没有一个清醒的认识而导致的后果。

过于溺爱会让孩子产生惰性，也没有真正将孩子内心的恐惧消除，只是用父母醒包办来转移了孩子的恐惧，这对孩子真正勇敢地战胜恐惧是毫无意义的。

孩了很大一部分的勇敢是来源于父母的教育。孩子面对陌生事物胆小是一种正常现象，这也是孩子的一种戒备心理。如果家长没能正确看待，反而批评孩子，那么不仅不能改变他的现状，还会加深他的自卑心理，对于孩子的成长而言是非常不利的。因此，在面对孩子的怯懦时，家长要拿出十分的耐心，这样才能让孩子走出对陌生的恐惧，成为一个勇敢的人。

1. 给孩子适当的安慰，帮助他们摆脱恐惧

在孩子面对困难退缩的时候，不要说一些气话来打击他原本已经低落的自信心。这时候的孩子是脆弱的，他们原本就没有足够的自信去面对困难与挫折，若父母再说这些话更是对他们自信的打击。他们这时候对困难是充满恐惧的，他们需要有人安慰。

看到孩子恐惧的时候，就给他一些关怀、安慰，让他能靠这种陪伴和关爱走出恐惧。恐惧少了，孩子便有足够的胆量去面对困难和挫折了。

2. 不要随便给孩子定义

对于孩子而言，父母的评价是非常重要的，在他们眼中，父母的权威是绝对的、毋庸置疑的。如果你给孩子定义为"懦弱"的话，那么在孩子内心当中就会给自己消极的暗示，认为自己不过如此，这样，再大的潜力也无法正常发挥。

小寒这个女孩总是弯腰驼背，从她的外表似乎就能看到她的自卑。其实，以前的她只不过是内向而已，并没有这么严重的自卑心理，但是因为她内向、胆小，所以时常被爸爸妈妈批评，还总说她没出息。时间久了，小寒真的变成了她父母所说的那个样子。

孩子的潜力是巨大的，没有人能够预知他的未来，所以家长不要轻易地为孩子贴上"没出息"的标签。这样就是画地为牢，将孩子的能力关在一个没有钥匙的笼子里了。

3. 教会他们如何处理问题，让他们有足够的自信和勇气

孩子的勇气不能永远依靠父母在旁边支持，他们需要真正学会如何去勇敢独立地面对困难和挫折。而父母要做的就是在锻炼孩子的同时教会他们如何去处理这些问题，这样孩子学到了这些方法之后，便会更加自信，而且勇气也得到了培养。最重要的是，学会了如何处理问题之后，他们便能在父母不在的情况下，自己独立面对问题，这样的孩子才算是真正的勇敢。

4. 偶尔当一回弱者

家长不要总是保持家长的权威，偶尔向孩子示弱，这样可以让孩子的形象高大起来，是一种实际的鼓励。当孩子被责任感充斥的时候，他所表现出的勇气和能力也是前所未有的，想要锻炼自己的孩子，让他勇敢一些，那么就放弃大包大揽吧。适当地给予孩子一些权利，偶尔依靠孩子一下，这样才能让孩子真正地勇敢起来。

整天不知道好好学习，就知道胡思乱想

一提到"想象力"，就会有不少人立刻联想到"艺术"，认为只有从事艺术类的工作才需要有丰富的想象力。其实不然，想象力并不是艺术家的专属，它对每个人来说都是很重要的。

丰富的想象力并不是天生就有的，它要靠后天的开发才能展现出来，而儿童时期正是最适合想象力开发的时机。有很多成功的人，在小的时候都是充满丰富想象力的。即便你眼中的孩子还很小，但是他已经有了丰富的想象力。至于他的想象力是否能够得到发展，就看父母的态度了。如果家长认定孩子"不务正业"，那么孩子天马行空的想象就会慢慢消失；反之，孩子则会得到良好的发展。

在一堂父母和孩子一起参与的美术课上，老师让学生们自己根据鸭子画一个故事。孩子们都很兴奋，说说笑笑地开始了他们的创作。

6岁的小雪思考了很久才开始动笔，不一会儿，她就把自己的画交给了老师。陪小雪一起来上课的妈妈看见纸上只有一只鸭子屁股，觉得很不可思议。旁边的家长们看见这幅画也纷纷开始议论了起来："这孩子画的是什么呀？怎么只有一个鸭子屁股啊？现在的小孩就知道浪费，好好的一张纸就画这么一点东西……"小雪的妈妈也说："你看看别人是怎么画的，画得多好啊！再看看你，怎么画的？你画的东西呢？赶紧重画吧！"

老师阻止了小雪妈妈的做法："您先让她画完吧，不要着急。小雪那么聪明，她一定会有自己的想法的！"

果然，小雪根据这幅画讲出了一个声情并茂的故事："鸭妈妈和鸭宝宝出去玩，走散了，小鸭去问青蛙妈妈：'你好！你看到我的妈妈了吗？'青蛙妈妈没看到。小鸭又问乌龟姐姐：'你好！你看到我的妈妈了吗？'乌龟姐姐也说没看到！最后小鸭终于找到了自己的妈妈。原来，妈妈去找妹妹了！妈妈带着小鸭和妹妹一起去了游乐场！"

这时候大家才明白，原来那个鸭子屁股就是跟着妈妈去游乐园的小鸭子，鸭妈妈已经走出了画面，而小鸭子因为年纪小才走出了一半。

看着画面，小雪的妈妈向小雪道了歉，并且告诉她："宝贝，你太聪明了，你的想象力太丰富了，真让妈妈羡慕。妈妈就想不到。"

想象力会因每个人心态的不同而产生不同的效果，所以家长们应该培养孩子，使他们明白，满怀激情的想象、指向成功的想象、积极向上的想象、充满决乐的想象，都是引领人走向成功的想象。

既然想象力如此重要，那么要怎样才能培养孩子的想象力，保护好孩子的想象力呢？

1. 禁止言语上的打击

有时家长会因为孩子天马行空的想象而批评孩子，实际上这样的做法是错误的。孩子的想法或许不切实际，但这也恰恰是我们成人最缺乏的想象力，所以不要在孩子发挥想象力的时候苛责他，这是非常不理智的做法。要保护孩子的想象力，首当其冲的就是端正自己的态度，正确地看待孩子的想象力。

2. 日常生活当中培养孩子的想象力

仅仅靠保护并不一定能够让孩子的想象力得到充分的发挥，所以家长应该着手培养孩子的想象力，比如多和孩子玩游戏，通过这个过程引导孩子发挥自己的想象力。

家长可以和孩子一起编故事，自己出开头，让孩子来接着往下讲，这样孩子的思路不会被禁锢，能够肆意发挥；也可以和孩子一起画画，不一定要写实，只要画出自己心中的画就可以了。

3. 劳逸结合才能有收获

孩子的思想天马行空，有的家长认为孩子整天不着边际地想象会阻碍他的学习生活，但事实上学习讲究劳逸结合，一味地学习并不能保证孩子的成绩能够有所提高，应该要让孩子懂得劳逸结合，才能获得最好的结果。

4. 鼓励孩子的创造性思维

孩子的想象力需要家长的保护。当孩子的想法不切实际的时候，家长不要急于批评，而是要从中观察，这是否是孩子的创造性思维在"作祟"。如果是的话，就要引导孩子发挥自己天马行空的想象力。

我们就要吃好的穿好的，这才叫"富养"

随着生活水平的提高，孩子们的物质生活越来越优越，很多家长恨不得给孩子最优越的物质生活，但是这样做对吗？仔细想想看，孩子正处于价值观形成时期，如果家长给孩子灌输了错误的思想，让孩子认为吃好的穿好的就是他所追求的生活，就是他该有的生活，那么孩子未来只能成为一个被金钱左右的人。

在生活中吃点苦是为了让孩子理解生活的艰辛，如果对孩子的物质要求全部满足的话，就会让孩子成为一个沉迷于物质享受、喜欢攀比的人。

孔华家的条件中等偏上，他的爸爸是企业的骨干，他的妈妈也在繁华地带开了一家小店，生意还算红火。虽说他们家不算大富大贵，但是也能满足日常所需。孔华的父母都是从外地来到这个城市打拼的，他们以前都在小城中生活，到了大城市之后才发现差别，因此，他们决定要在这个城市扎根，让自己的孩子生下来就能见见大世面。

为了这个目标，孔华的父母在工作上都非常努力，终于有了现在的生活。在孔华出生的时候，他们的条件就已经不错了，他们希望把最好的一切都给孩子，所以孔华的童年真的称得上是锦衣玉食了。

到了上幼儿园的年龄，孔华的父母让孩子去了市里最好的幼儿园，他们觉得孩子在那里会接受最好的教育。等孔华该上小学的时候，夫妻俩又提前忙活开了，他们花了很多钱让孩子去了私立贵族学校，他们觉得在那里孩子一定能够接受最好的教育。为了防止孩子被别人看不起，他们还给很小的孔华大把大把的零花钱。

随着年龄的增长，孔华越来越看重物质，也越来越任性，不可口的饭不吃，不是名牌的衣服不穿，还经常和同学攀比。在孔华眼中钱才是第一位的，学习什么的不就是为了以后挣钱吗，反正自己家也不缺钱，没有必要学习。

看着儿子变得好吃懒做，贪图物质享受，夫妻俩不知道该怎么办了。明明给孩子的都是最好的，怎么现在孩子在学习上一点不用心，反而将注意力全都放在物质上了呢？

孩子心智都还不成熟，没有正确的价值观、人生观，而且青少年时期正是

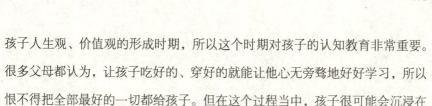

孩子人生观、价值观的形成时期，所以这个时期对孩子的认知教育非常重要。很多父母都认为，让孩子吃好的、穿好的就能让他心无旁骛地好好学习，所以恨不得把全部最好的一切都给孩子。但在这个过程当中，孩子很可能会沉浸在物质享受中，毕竟孩子的自控能力还不强，对物质的认知度还不够。

每个家长肯定都不希望自己的孩子将来成为一个被物质所控制、精神空虚的人，所以从现在开始就要培养孩子正确的人生观、价值观。现在的孩子成熟比较早，他们对物质有了一个基本的概念，因此，家长应该在这个基础上引导孩子正确地看待物质，不要被物质所控制。

不过，成人都很难抵制物质的诱惑，孩子更容易受蛊惑，这就需要家长的帮助。从家长方面来说，给孩子的物质供应应该要理智，不能轻易满足孩子的所有需求。

所以，父母在满足孩子的物质供应上，不能来得太容易太快，更不能将鼓励定格在物质方面，这样都会让孩子对物质有错误的认识，更有可能沉浸在其中，变得虚荣、懒惰。那么，家长应该从哪些方面努力呢？

1. 教育孩子理性消费

孩子对金钱的认知还处于比较基础的阶段，他可能不会计划，父母给的零花钱他没有一个很好的规划，看到了喜欢的东西就买，没有节制，因为他们没有赚钱的经验，认为想要什么的时候跟父母要就可以了。事实当然不是这样，因此家长应该教会孩子理性消费，理财观念从小开始培养才好，这也是一种生活智慧。

家长可以在逛街的时候带着孩子一起去，买东西的时候可以让孩子对比，看看哪些东西性价比更高。在上街的时候可以带固定的钱，和孩子一起列一张清单，按照清单上的东西购物，拒绝那些诱惑。在这样的影响之下，孩子慢慢会懂得节制，在消费的时候会思考。当孩子面对物质能够理性思考的时候，就不会沉浸在物质享受当中了。

2. 给孩子一个体验赚钱的机会

孩子沉浸在物质享受当中主要因为他没有体验过赚钱的艰难，他们只需要和父母要零花钱就能得到满足。所以，父母不妨让孩子体验一下赚钱的不易，这样有利于帮助孩子树立正确的消费观。

小龙家条件不错，但是他没有一点骄奢之气，主要在于他很早就认识到了赚钱的不易。小龙的父母是白手起家，他们有了小龙之后没有像大多数父母一样无条件地给予孩子物质关怀。在小龙很小的时候，他们就给小龙定下了任务，寒暑假要回农村老家帮助爷爷割麦子，完成了会给他一些"工资"。体验过劳动获得报酬之后，小龙明白了钱来之不易，所以从来不乱花钱。

小龙的父母是对的，每个孩子的价值观都需要培养。家长们不妨效仿一下小龙的父母，在孩子节假日的时候给他一个体验赚钱的机会。当孩子明白钱来之不易的时候，就会懂得珍惜，花钱时也就懂得节制了。

3. 要懂得拒绝

有时家长禁不住孩子"磨"，虽然决定不会随便满足孩子，但是看到孩子的眼泪，或者孩子闹的时候，很多家长还是忍不住。这样是错误的，会给孩子一种"我一哭就能得到"的错误信息。决定不能满足孩子的时候就要拒绝，更不能出尔反尔，不过要跟孩子说出理由，这样孩子才能慢慢养成控制自己乱要东西的习惯。

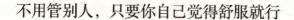

不用管别人，只要你自己觉得舒服就行

子曰："己所不欲，勿施于人。"实际上，这句话就是告诫我们要学会换位思考，多站在别人的立场去体谅别人的感受，理解和善待他人。

孩子在生活中，由于各自生活环境、年龄、性格等有所不同，就会有不同的心理感受和反应。如果孩子不懂得换位思考，不会替别人着想，就很难理解他人，与他人建立良好的关系，甚至还有可能会给他人带来伤害。

如果你的孩子只在意自己，作为家长你会怎么看呢？应该要改正孩子的错误观念，还是支持他"不用管别人，只要你自己觉得舒服就行"的行为呢？

如果你采取的是后一种方式，那你无疑是在助长孩子的自私，加重他的过分自我中心观。现在的家庭，大多只有一个孩子。父母对这棵"独苗苗"是呵护备至，娇生惯养。这样，孩子往往就容易养成小气、以自我为中心的不良品质。他们很少为他人考虑，说出的话总是伤害别人自尊，做出的事也常常是只顾自己利益而不管其他，在失去了别人的尊重后，却还毫不知觉。

允许每个人以自我为中心，不是说可以放任自己对别人的感受不管不顾，也不代表对于别人的利益漠不关心。如果你的孩子正在犯这样的错误，此时就需要家长对他进行积极的教育和引导，让他逐渐意识到自己的自私和狭隘。

今年已经 7 岁的娜娜也存在这方面的缺点，她的妈妈在发现女儿这个问题后，一直在积极地帮助女儿改变。

一个周末，妈妈准备带娜娜去她最喜欢的动物园玩。娜娜美滋滋地打扮一番后，迫不及待地拖起妈妈就往门外走。刚一开门，邻居家 5 岁的月月闯了进来，要和娜娜玩耍。没等娜娜发话，月月就拿起娜娜最心爱的芭比娃娃摆弄起来。娜娜很反感，拉长了脸，一把夺过月月手中的娃娃，连推带拉地把月月赶出了家门，并不耐烦地说道："你快走，我要和妈妈去动物园玩了，没时间跟你玩，赶快走！"月月眼泪一下子掉了下来，委屈地回了家。

在去动物园的路上，妈妈跟娜娜说道："宝贝，假想一下，如果你是月月，你去找她玩，她不让你玩她玩具，还没礼貌地把你赶出家门，你心里会高兴吗？"

娜娜脱口而出："当然不高兴了！"

"那如果月月不是那样做，而是说，我早去早回，等回来了再跟你一起玩。你会怎么想？"

"那我会说，好的，我等你回来，你可一定要早点回来呀！"

"那你再仔细想想，你把月月粗鲁地推出家门，月月会不会难受？你这样做对吗？"

娜娜惭愧地低下了头，懊恼地说道："月月肯定很难过，是我做得不对。"

"那你应该怎么做呢？"

娜娜一脸认真地回答道："我应该早点回去，找她玩，并跟她说声对不起。"

之后，娜娜果真在动物园玩了没多久就和妈妈一起回了家，找月月玩去了。

妈妈就是以这样换位思考的方式，一步一步地教育女儿去体会别人的感受，渐渐地，娜娜也从一个小气、自私的女孩变成了一个大方得体，受人喜欢的好孩子。

孩子的本性是单纯善良的，他们对别人造成伤害的时候可能是无心之失，如果家长不指出的话，孩子可能意识不到，之后的他们可能一直以此为信条，这样自私自利的人在社交生活中自然不会受欢迎。所以家长应该要让孩子成长为一个随和的人，而不是一个只知自己利益的人。

家长可以维护自己的孩子，但是不能有失公允，要让孩子明白是非。如果家长支持孩子的自私行为，那么就助长了孩子的不良习惯，这种行为只有从源头制止，才能让孩子不"脱轨"，拥有健全的性格。那么具体来说，家长应该从哪些方面入手呢？

1. 让孩子站在别人的角度看自己

孩子从小就会维护自己的利益，这是他的一种本能。当家长要让孩子改变的时候，无疑是一个艰巨的任务。这个时候家长不妨让孩子试着变换一下角色，站在他人的角度上看看自己，考虑一下自己的行为是否真的没有问题。通过这样的方法，孩子往往能够发现自己的问题。这样时间长了，孩子会懂得自省，也就不会在自私之路上"一去不返"了。

2. 培养感性的孩子

有时孩子不在意别人怎样，只看重自己，是因为他缺乏同情心和爱心，家长应该培养感性的孩子。通常，情感丰富的人更容易感知别人，这样他会掀掉冷冰冰的自私面具。

小丽非常爱美，她很喜欢小区花园里的花，当花开的时候，她总是忍不住摘下几朵，插在头发上。对于孩子的这种行为，小丽的妈妈说了很多次，可是小丽都不听，她还说："不过是朵花而已，有什么大不了。"后来小丽的妈妈想到了办法，她告诉小丽植物也有生命，还给小丽讲了一个花仙的故事。小丽听了眼睛都红了，从那以后她再也没随便摘过花。

孩子任性并非是与生俱来的，这和家长的纵容有关。通常，任性的孩子都会很冷漠。家长应该重视孩子情感的培养，就像小丽的妈妈那样，可以利用故事，或者让孩子多听音乐，培养一个感性的孩子。

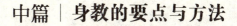

中篇 | 身教的要点与方法

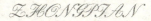

民间有句俗语，叫作"上梁不正下梁歪"，言外之意便是，

孩子成长得不好，很大程度上源于父母没有做出好榜样。

列宁夫人克鲁普斯卡娅也说："家庭教育对父母来说，首先是自我教育。"

事实上，父母是孩子终生模仿的样板。

面对天真的孩子，父母要特别重视自身行为的榜样作用，

时时处处做孩子的好榜样。

第三章
这些事你一定要以身作则

> 人们说，孩子是父母的影子，孩子是父母的一面镜子。从中便可看出家长的言行对孩子产生的影响何其巨大。所以，家长希望孩子成为什么样的人，自己就应该是什么样的人；家长期待孩子有怎样的行为，自己就先应该有怎样的行为。

想培养怎样的孩子，先做怎样的家长

在我国，曾经有一句古话："以教人者教己。"意思是用教育别人的言行先来教育自己，也就是我们现在常说的言传身教。在孩子漫长的成长过程当中，作为父母不仅是他首先接触到的第一人，而且是他年幼时期最重要的伴随者。正因为此，父母也成了他无意识中最先模仿的对象，这正如英国心理学家希尔维亚·克莱尔在《挖潜能》一书中说的那样："如果你自己都不准备去有所成就，你也不能期望你的孩子去做什么。"

很多时候，父母的一举一动都会被孩子无声无息地复制下来，并以潜移默化的方式在生活中重演。作为孩子的第一任老师，家长的言传身教对孩子的成长尤为重要，有这样一句话："家庭是孩子的一面旗帜，父母是孩子的一面镜子。"这句话不仅贴切地反映了父母对孩子所起到的榜样作用，而且也阐明了父母是孩子模仿最多的对象。

俗话说，打铁先让自身硬，言而无信、谎话连篇、目中无人、行为随意的父母怎么能够培养出一个高素质的孩子？而性格坚毅、乐观积极、助人为乐、做事严谨的家长，他的孩子绝对不会差。

曾经有这样一个父亲，在谈到自己对孩子的教育时，深有感触地说起这样一件事情。一天，他和孩子聊天，对孩子说："孩子，你最近总在玩游戏机，就不能控制一下自己，把精力用到学习上吗？"孩子说："你还说我呢，爷爷每天都告诉你晚上不要回来太晚，会耽误工作，你怎么还整宿地出去玩麻将？"

这位父亲被孩子说得目瞪口呆，不知该如何回答。为了不让孩子再次以自己作为负面榜样，他毅然决然地拒绝了麻将的诱惑，从此每天晚上准时回家，并在孩子做作业的时候在一边看书、读报，陪着孩子学习，为孩子指点不懂的问题。一段时间后，他发现不用自己多说，孩子主动减少了玩游戏的次数，甚至告诉父亲："游戏机也没什么好玩的，还不如和你一起看书有意思呢！"

由此可见，无论父母作出什么样的榜样，在孩子眼中都是模仿的对象，甚至在他长大一些的时候，还会将父母行为中不够完善的方面拿来为自己开脱。而如果在日常生活中，家长时刻注意自身的言行，经常相互提醒和交流，为孩子树立良好的形象和积极健康的影响，那么孩子自然也会变得更加积极上进了。

托尔斯泰有句名言："全部教育，或者说千分之九百九十九的教育都归结到榜样上，归结到父母自己的端正和完善上。"所以说，要想在孩子面前保留家长的威严，就要起到榜样作用，自己先做典范，你的教育才能被孩子所接受。

1. 做有教养的父母

作为一个合格的父母，首先必须是一个有教养的父母，因为只有父母有教养，孩子才能懂礼貌、知礼节。而在当今社会中，这将是孩子获得别人认可和喜爱的重要因素，那么究竟什么才是教养呢？在家尊重长辈、在外遵守社会公德、在校遵守校规校纪，这些都是教养的表现。

小刚是一个粗鲁的男孩子，他的同学都不太喜欢他，因为他不仅说脏话，有时还会动手打人。不讲礼貌就算了，他还时常破坏公物，因为这些他没少被找家长。每次小刚的爸爸都会打小刚，但是每次都不管用。小刚还总说："你不也喜欢暴力解决问题吗。"

孩子的一些粗鲁行为有可能是从父母那里学来的，所以作为家长首先应该提高自己的素质，在家对老人孝敬，孩子自然会懂得敬老爱老；家长在外遵守社会公德，不随地吐痰、和平礼让，孩子自然就能养成良好的社会习惯；家长团结同事、乐于助人，孩子也会和同学和睦相处，愿意帮助别人……

2. 做积极上进的榜样

父母对于生活的态度，会时刻影响到孩子的态度。如果家长遇到一点小事就悲观失望，或者没有上进心，不愿作出努力，只想坐享其成，那么孩子在学习上也就缺失了相应的动力，从而成绩无法提高，对未来也没有信心……

一个积极乐观，对生活充满信心，总是憧憬美好未来，遇到困难和失败不沮丧、不放弃，勇敢面对的家长，带给孩子的将是一个积极上进的态度。在这样的环境中长大的孩子，自然会有积极进取、不断努力学习新知识的行动支持，在遇到困难和挫折的时候，也会想尽办法尽力克服。

3. 做到言必信，行必果

答应孩子的事情一定要做到，也是"言传身教"的要点之一。假如家长经常食言，那么孩子就很难养成诚实守信的品质，而一个无论如何都会实现自己诺言的家长，孩子则一定会说到做到，并且努力争取做到最好。

有话好好说，不对孩子太刻薄

有些父母素来习惯训斥，尤其是看到孩子淘气或犯错时，动不动便会大吼大叫、恶言恶语，腔调里尽显刻薄。想想看，身为父母的你，是否曾经也对孩子如此？童年时候的你，是否也受到过如此待遇？

相信，中国绝大多数的父母都会给出肯定的答案。可是，对孩子大吼大叫，真的具有教育意义吗？事实上，刻薄的训斥，不但不会达到预期效果，反而会伤害孩子的自尊心，破坏亲情关系，加深彼此的分歧，以致隔阂愈来愈深。

一天，妈妈急着要交水电费，一时身上没钱，这时小聪走了出来，把自己储存的零用钱给了妈妈。妈妈说："谢谢小聪，过几天我就还给你！"

然而，这个"几天"一拖，就过去了一个多星期。这一天，小聪实在忍不住了，就对妈妈说："妈妈，你能把借我的钱还给我吗？"

小聪原以为，妈妈会对自己说声"抱歉"，谁知妈妈异常愤怒，骂道：

"你这个忘恩负义的东西，竟然跑来跟我要账！我把你养这么大，不知花了多少钱！"

小聪申辩道："可你说过过几天就还给我的。"

"现在没钱，等有钱了再还给你，行了吧?真是个没良心的东西！"妈妈唠叨了几句，就忙自己的事去了。

这件事很快就过去了，小聪也渐渐忘记。这天，他在院子里踢球，不小心把球踢到窗户上，砸碎了玻璃。这时正在家里做事的妈妈火冒三丈："早就说了，叫你不要在院子里踢球，你就是不长耳朵，以后你再在院子里踢球，看我怎么揍你。"

小聪听完，抹着眼泪不说话。他本来准备向妈妈道歉的，被妈妈这么一顿数落，觉得很委屈，对妈妈感到失望。

从那以后，不论妈妈说什么，小聪再也不往心里去了。他在心里说："我就是要当你说的'坏孩子'，谁让你总是对我那么厉害！"妈妈的话，他根本听都不听了。

"忘恩负义""没良心的东西"，不分青红皂白地责骂……这些恶言恶语，导致的只有一个结果：孩子心怀不满，产生报复心理。"越是骂我，我就越是和你作对"，就这样，孩子进入了恶性循环，父母愈骂，孩子愈糟。

人与人之间的交流，应当是愉快的、舒适的，尤其是父母与孩子之间。试想，如果你的领导每天也如凶神恶煞一般，你的工作会快乐吗？

既然如此，我们又何苦对孩子尽显刻薄？即使孩子犯了错，我们也没必要展现"坏脾气"。在孩子的世界里，他们很多时候犯错误都是无心的。很多时候，是大人夸大了孩子的错误，把不严重的事弄得非常严重，自己生不必要的气不说，还让孩子无辜地受责骂。这样做，只会起到暂时压制的效果，不久孩子便会故态复萌，有时甚至变本加厉。

孩子犯错，我们不必大发雷霆，应该控制好自己的情绪。很多父母并没有发现，自己有急躁的毛病，对孩子一开口就是生硬的口气，让孩子根本无法轻松。他们在对父母产生恐惧的同时，还会感到失望，觉得父母并不理解自己。久而久之，孩子和父母只会越来越疏远。

所以，为了孩子的成长，父母们还是收敛一下自己的脾气吧，让刻薄的语言烂在肚子里。

1. 学会控制情绪

父母不会故意伤害孩子，只是情绪失控，才导致口不择言。所以，父母如果能在说话前克制一下自己的情绪，那么愤怒就会立刻"刹住车"。例如，你可以数个"123"，让心态平稳一番；抑或喝一杯茶，这样都可以起到控制情绪的作用。一个本着"不骂孩子"的原则来教导孩子的父母，一定会很好地控制自己的情绪，而不会动不动就对孩子发火。

2. 平和地点出错误，说明解决方法

面对犯错的孩子，父母应当保持心态平和，父母首先要告诉自己：孩子犯错误是件很平常的事！接下来，你可以对孩子表示理解，了解原因，同时说明解决方法，这远比单纯地发火要更有教育意义。

小苹放学回到家，看到妈妈正在做饭，于是来帮忙。她端着汤走出厨房，没想到汤碗太烫，一个不留神就打翻了。妈妈急忙走出厨房，只见小苹委屈又害怕地说："汤没有了。"妈妈摸着她的头说："没关系的，我可以再做一份呀！你主动帮妈妈做事，这非常好。不过以后要注意，端这么烫的东西，一定要用湿毛巾护着手。明白了吗？"一下子，小苹笑了，用力点点头："我知道了，谢谢妈妈！"

父母的责任，就是在孩子犯错误时，及时给予提醒，告诉他应该怎样改正。刻薄地对孩子说话，这是万万要不得的。即使孩子犯的错很大，我们也最好严肃地进行指正，而不是用恶毒的字眼来骂孩子，不然结果很可能会适得其反。倘若因为自己的言行伤了孩子的心，那么到头来，后悔的只有你自己！

3. 包容孩子的个性，用放大镜寻找他的优点

孩子与孩子之间没有完全相同的个性，而且每一个都有各自的特点。比如，有的孩子好胜、急躁，喜欢冒险和挑战；有的谨慎、内向，胆小怕事；有的喜欢独处，喜欢安静；有的则喜欢人际交往，喜欢热闹……这些都是孩子的性格，并没有好坏之分。所以作为家长，没有必要对孩子太过刻薄，只要用一颗包容之心看待孩子，那么一定能够找到属于他的闪光点。

4. 给孩子为他的行为做解释的机会

孩子犯错都会有原因，家长在教训孩子之前，应该先冷静下来听听他的解释，这样才不至于冤枉了孩子。如果家长不分青红皂白地批评孩子，那么孩子的性格当中也会有急躁的因子，而且亲子关系也会受到影响。

所以面对孩子的错误时，给自己几分钟冷静下来，听听孩子的原因，然后再一起寻找解决办法吧。

与其告诉他"别撒谎",不如自己做榜样

撒谎,这是一种不良的生活习惯,是一种人格的缺陷。没有一个父母希望自己拥有一个热衷撒谎、善于撒谎的孩子。然而,对孩子说"你别撒谎,否则爸爸就会揍你",你就会发现,孩子似乎变本加厉了……

为什么会如此?心急如焚的父母不妨从自己的身上找找问题所在,是不是在平常生活中,你就有撒谎的习惯?如果答案是肯定的,那么,你就别指责孩子了,赶紧把那副凶巴巴的表情收起来吧!

李娜是个乖巧的好女孩,很少惹父母生气。爸爸妈妈也希望她能够健康成长、学业有成,因此格外看重她的学习成绩。只要成绩好,爸爸妈妈就很高兴,会奖励她不少东西;但如果她成绩不好,爸爸妈妈就会责骂她。

这天,妈妈正在逛街的时候碰上了李娜的班主任。从聊天中,妈妈意外得知,李娜上次拿给她的考试成绩单是假的,分数是李娜自己改动的!

这个消息使得妈妈不禁勃然大怒,回到家里一把抓住李娜,大声训斥道:"你怎么敢对我撒谎!和你说过多少遍,考多少就是多少,别弄虚作假!告诉我,你这是和谁学的!"

李娜大哭了起来,说:"我这样就是学你们的……有一次,单位让你加班,你打电话说身体不好拒绝了加班的要求。可是,你最后去逛街了。你还问我,'妈妈聪明吗?'为什么,你撒谎就对,我撒谎就不对?"

妈妈一愣，一时间竟没了言语。

可以看出，李娜之所以学会撒谎，关键就是受到了父母的影响。如果父母在平常生活中当着孩子的面撒谎，孩子的模仿性强，可塑性大，家长的一言一行，他都会看在眼里、记在心里，有样学样。所以说，孩子撒谎，最主要的原因就是受到了"榜样"的影响。

父母必须明白，在孩子的成长过程中，自己才是他的第一任老师。你做什么，孩子就会学着做什么。你是个"恶人"，那么孩子就很难拥有"善良"的基因。孩子依葫芦画瓢，到头来又被你批评，孩子就会无所适从，分不清什么是对的什么是错的。试想，这样的教育有谁会接受，又如何能成功呢？

要想让孩子从小就做个诚实的人，父母在教育孩子时，就要做到以下这几点。

1. 父母要做诚实的榜样

想要做好孩子的榜样，那么父母必须做到言而有信。比如，当你许诺要送给孩子一个变形金刚，可是你没有买，还说："妈妈忙，没有时间去买了。"孩子就认为你是在撒谎，也会学着你的这种方式来"应付差事"。所以，父母一定要杜绝这种事情的发生。

2. 父母要言而有信

从某个方面来说，撒谎是没有诚信的表现，有时家长在敷衍孩子的时候可能找出各种理由不去实行诺言，在孩子看来，这就是对他的谎言。由此，孩子也会"以其人之道还治其人之身"。当孩子这样做的时候，家长批评教育孩子就没有了立足点，所以家长首先应该言而有信。

天天是一个比较任性的孩子，他经常会缠着爸爸妈妈。有一次天天妈妈忙了一天回来，天天闹着要吃红烧鸡翅，可是妈妈已经很累了，就跟天天说第二天做。第二天，天天放学回来兴冲冲地回到家，没有看到红烧鸡翅，就闹着说妈妈说话不算话。妈妈生气地批评天天不懂事，然后让天天去做作业。天天说看完动画就去，结果看完动画就去玩了。妈妈批评他，他就嘟着嘴说："我这是跟你学的。"

想要在孩子面前保持家长的威严，做一个教育者，那么就要起到榜样的作用，对孩子言而有信，才能让孩子懂得诚信的重要性，孩子才会成为一个守信用的人，成为一个诚实的好孩子。

3. 不做孩子撒谎的帮凶

有些家长因为疼爱孩子，在孩子撒谎的时候为了维护孩子，帮他圆谎，实际上这样的做法是错误的。孩子撒谎，就要对自己的行为负责，如果家长帮孩子圆谎，那么孩子就会认为家长是站在他这一边的，也就意识不到撒谎有什么错。如果孩子撒谎了，那么就让他自尝苦果，下次他就会明白诚实的重要性。

4. 吹牛不可取

有时家长为了维护自己的面子，可能会吹牛，但是孩子也会有样学样，从家长那里"偷师学艺"。没有人是完美的，让孩子看到真实的自己并不丢人，相比之下，让孩子戳穿自己的谎言反而更加没有威信。

有一天小豪和爸爸打篮球，在投篮的时候爸爸连投几个都没进，这个时候小豪的爸爸觉得很没面子，于是就跟小豪说："刚刚爸爸跑了1500米，现在实在没有力气了。"随口一说的话被小豪记下了。到了校运动会，有家长和孩子一起参加的项目，想起爸爸的话，小豪毫不犹豫地报了1500米的项目，结果平时缺乏锻炼的小豪爸爸跑了一半就跑不动了。因为这个小豪被同学笑了很久，小豪也不再相信爸爸了。

想要孩子不撒谎，家长就要对孩子说真话，实事求是，不要为了所谓的"面子"而吹牛，这样才能给孩子树立一个正面的榜样。

想要孩子不"八卦"，就要尊重孩子的隐私

曾经有个著名的教育家说过这样一句话："自尊心是一个人品德的基础，如果失去了自尊心，一个人的品德就会瓦解。"这句话并不难理解，每个人都有自尊心，这也是一个人的底线，包括孩子。不要认为孩子小就可以忽略这点，要知道，孩子也是独立的个体，有独立的思想，自然，他们也渴望一个独立的空间，而这里是家长不能涉足的地方。

不要将孩子当成自己的附属品而理直气壮地窥探他的隐私，如果家长们真的这样做了，那么你的孩子只会离你越来越远，说不定是非观都会出现偏差。

莘莘已经和妈妈冷战一周了，这让妈妈感到非常气愤，即便莘莘的爸爸努力缓和她们母女俩的关系，莘莘妈妈也有意和好，但莘莘就是冷冰冰的，说什么都不回话，每天放学就直接钻进自己的房间不出来了。

终于有一天莘莘的妈妈受不了了，打了莘莘，没想到那之后莘莘更是冷冰冰的，有时甚至用仇视的眼光看妈妈，这让莘莘的妈妈感到非常寒心。为什么母女俩会走到这样的一个局面呢，还要从一个月之前说起。

莘莘升入五年级之后，就不再像爸爸妈妈的小尾巴一样总跟在他们身边了，时常放学和朋友在一起玩，有说有笑的，回家以后也不再兴致勃勃地说学校的事情。想到女儿是进入了青春期，莘莘的爸爸也没有强制女儿向自己交代什么，但是莘莘的妈妈就不一样了。

莘莘妈妈认为，孩子进入青春期的时候更要了解她的一切动向，如果没有留意，那么孩子很可能走错路。但是面对妈妈的关心，莘莘总是觉得不耐烦，而且很少和妈妈说话。这让莘莘妈妈更加深了怀疑。想到女儿在写日记，她妈妈终于觉得找到了了解女儿的方法。她看了女儿的日记。

莘莘发现了之后非常生气，抢过了日记本，准备和妈妈理论，但是妈妈丝毫没有觉得自己做错了什么，数落女儿："看看你的日记怎么了，你有什么是我不知道的啊？还是你写了什么不能看的东西啊？你是我女儿，我就看你日记了，有什么不对啊，倒是你，看看你什么态度啊，对自己的妈妈说话就这样？"

一番数落之后，莘莘就不再理妈妈了。有一天，莘莘的妈妈找不到自己的口红，满屋子找，莘莘看到之后不在意地说："是不是你包里的那个啊？我扔了，颜色丑死了。"

莘莘的妈妈非常气愤，又数落起莘莘来："你怎么学的啊？随便翻我的包！没教养，你上学就学的这个？"没想到莘莘不但没有悔改之意，还翻着书漫不经心地回答说："什么大不了的事啊，这不跟你学的吗，你都能看我日记，我翻翻你的包又怎么了？不都一家人嘛。"最终莘莘的妈妈忍不住打了莘莘，那之后就是莘莘和妈妈冷战的开始了。

其实莘莘或许并不是真的想要去翻妈妈的包，或许是为了报复妈妈看她的日记，也或者认为一家人之间应该不存在隐私。不管原因是哪一个，这个做法都是不对的，而这样的错误行为无疑莘莘妈要负大部分的责任。

　　家长不应该以关心的名义窥探孩子的隐私，因为孩子正处于独立意识形成的阶段，这个时期的孩子是非常敏感的，如果家长不够尊重他，那么可能让他产生强烈的抵触心理，或是认为窥探他人的隐私没问题。这样也有可能干扰他独立意识的形成，变得没有主见、依赖父母。

　　每个家长都不希望孩子的成长受到干扰，所以作为家长更应该以身作则，正确地引导孩子，尊重孩子的隐私，才能让他健康地成长。一定要注意，不要因为孩子的变化而过分担心，那都是孩子成人的必经之路。

　　那么家长要怎样才能引导孩子，又不窥探他的隐私呢？

1. 多和孩子沟通，换个角度理解他

　　有的家长或许会说："我总是想要和他沟通交流，但是他总是一副不耐烦的样子，总是爱答不理的。"其实孩子出现这样的情况很正常，青春期的孩子都是这样的。孩子之所以和你沟通不多，有可能是平时孩子和家长之间就缺乏沟通，又或者是家长在和孩子交流的时候总是以询问的方式说话，站在家长的位置上，这样孩子肯定会觉得不耐烦。

　　在和孩子交流的时候，家长应该站在和他平等的位置上，换个角度看孩子，学会理解他，只有理解了孩子，才能真正地与他交流，孩子才愿意敞开心扉，听取你的建议。在孩子不愿意说话的时候，家长最好不要咄咄逼人，这样只会让孩子越来越疏远你。

2. 通过自己的观察了解孩子的动向

　　孩子的改变不会很突然，很多家长窥探孩子的隐私，是因为想要了解孩子的动向，实际上，只要平时多注意细节，就一定能够发现孩子的改变。不要用让人反感的方式去了解孩子，这样即便你了解了他，他也不会对你吐露心声。

3. 引导孩子明辨是非

　　其实在孩子成长的过程当中，家长之所以想掌握孩子的动向，无非是担心

他误入歧途。所以，家长如果注重培养孩子明辨是非的能力，就不用太过担心了。

在日常生活中，多灌输孩子是非对错的判断，这样时间久了他自然就能明辨是非，这也是家长传授给孩子非常宝贵的人生经验。当然，这些不是一两天就能培养出来的能力，家长要注意日常生活当中的引导，这样既尊重了孩子，也让他明白了是非对错。

解决问题，莫用争吵这种糟糕的办法

成年人与成年人相处，往往会因为认识不同、观念差异等产生矛盾，甚至争吵。而和孩子相处呢，家长们同样会遇到意见相左的时候，特别是随着年龄的增长，孩子的自主意识会越来越强，这种情况就更难以避免。这时候，如果双方没有有效控制，那么争吵就不可避免。

争吵的范围很广，包括学习、休息、玩耍、吃饭，等等。"争吵"有时也会演变成"冷战"，严重的还会导致"家庭暴力"和"离家出走"……

孩子们对此满心的委屈，觉得家不是家，是一个牢笼。他们时常抱怨：

"我妈给我的压力太大了，而且还总是对我大喊大叫。"

"我觉得我妈妈就是河东狮，太霸道了，你要反驳她，她总说'我是你妈，你就得听我的'。这话也叫讲理嘛！"

"我爸每天都是让我学这学那，不停地催促我，好像除了学习根本就不关心我。"

孩子们满腹牢骚，而父母呢？对于孩子的表现则是满腹伤心，觉得孩子不是孩子，是一个忘恩负义的"白眼狼"，"争吵"要到何时结束，能不能有效果，家长看不到尽头……

其实，家长的一句话或者一种行为，都有可能给孩子带来重大的影响。所以，家长们在处理与孩子争吵的问题上一定要慎重，并保持头脑清醒和理智。

硕硕从小就是个爱思考的孩子，由于喜欢思考，硕硕总是会有一些问题和妈妈讨论。随着他越来越懂事，想法和观点也就多了起来，时常与妈妈意见相左。

硕硕的妈妈对此持支持态度。她一直鼓励孩子和自己争论。因为她认为，每个人都有权利和自由发表自己的观点与看法，这有利于孩子的知识运用。不过，他们也偶尔会有"过火"的时候，好在妈妈能够及时采取"降温"的方式，避免争吵。

有一次，硕硕在外面和小朋友们玩到很晚还没有回家。妈妈非常着急，因为硕硕从没出现过这种情况。妈妈出去找硕硕好几次，也没有见到他的踪影，别提有多着急了，止不住哭起来。

直到晚餐的时间过后，硕硕才回到家里。一看到他，妈妈非常生气，虽然是关心孩子，但说出来的话还是充满了火药味："你还知道回家吗？你回来这么晚，有没有想过妈妈为你担心？真是越来越不听话了！"

见妈妈气得这么厉害，自知理亏的硕硕没有吭声。

尽管如此，硕硕的妈妈还是越想越气愤，继续数落起孩子来："你怎么不说话，为什么不说话？外面好玩是吧，那就一直待在外面，不要回家了！"

没想到，硕硕这时开口了，生气地说："不回就不回，我现在就走！"

此时，碰巧爸爸从外面应酬回来，他看到这种局面，知道再这样下去就没办法收场了。他连忙平静地对孩子说："硕硕，你先回房间待 10 分钟。"

此时，硕硕的妈妈也意识到自己刚才的失态，于是对孩子说："先按照你爸爸的话做吧，我们待会再谈。"

10 分钟后，硕硕和妈妈的情绪都稳定了下来。妈妈去厨房给孩子做了他喜欢吃的鸡蛋饼，叫他出来吃饭，并对他说："硕硕，请原谅妈妈，我刚才的确太激动了，只是因为妈妈太担心你了，太希望你早点回家了。"

听了妈妈这番话，硕硕心里已经完全没有刚才的对抗情绪了，他对妈妈说："对不起，妈妈，我不该回来那么晚的，都怪我没有考虑到您会为我担心。请您原谅，以后我再也不回来这么晚了。"

就这样，"10 分钟"让一场濒临爆发的争吵顺利避免了。

看了硕硕的故事，或许很多家长都能产生共鸣，自己和孩子也经常发生这样的争吵。可是，我们是怎样处理的呢？有没有和孩子"死磕到底"呢？

家长们要记住，在处理与孩子的关系时，重要的一点就是避免争吵。假如关系紧张，你和孩子的每次争吵都会加重本来僵持的关系。这就好比是一根琴弦，你们多一次争吵，琴弦就会绷紧一些，长此以往，琴弦必定会崩断。

孩子们已经有了自己的独立意识，他们从心理上要求平等，所以在家长和孩子针锋相对的时候，他们会认为自己也有权表达自己的看法，这样双方之间的矛盾自然越来越深。要知道，靠家长的威严压制孩子并不能解决问题，那么家长们应该如何做呢？

1. 认识到孩子是一个人，独立的人

作为家长，对于孩子首先要抱着尊重的态度，把他看作是一个"人"，一个独立的人。我们只有尊重他的人格、尊重他的意见、尊重他的爱好、尊重他的隐私、尊重他的选择，才能为避免与孩子之间的争吵和分歧架起一座桥梁，

孩子与家长之间才能互相理解，关系才能更加融洽。

2. 严格不严厉，用宽容对待孩子

很多家长常常把严格和严厉混淆，其实二者大为不同。在对孩子的要求方面，严格是很有必要的，如果不严格，放任自流，是对孩子不负责任。而严厉，则是个方法问题。当孩子犯错误的时候，父母们切忌用家长制的那一套，任意训斥、打骂和惩罚，而是应坚持分清是非、宽容待之的态度。

小明是一个懂事的孩子，但他有时还是忍不住和妈妈吵架，因为每当自己有一点错误，他的妈妈就会像火山一样"爆发"。面对妈妈这样的态度，小明也习惯于找妈妈的毛病，然后针锋相对。爸爸看出了问题，便和小明妈商量策略。当小明再犯错误的时候，妈妈表现出了大度和宽容。时间久了，小明也不再找妈妈的毛病了，一家人其乐融融。

家长所做的事情多半都是为了孩子，但是如果选错了方式，那么就会起到反作用。孩子并非是不明事理的，如果他认识到了错误，家长用宽容相待，那么孩子在改正错误的同时，也会受父母影响，渐渐变成一个宽容的人。

3. 不在气头上说些"赌气"的话

我们常说"生气无好话"，家长们应该注意这一点。因为你在气头上的情绪难免不理智，说出来之后，既伤了孩子的心，还给了孩子任性的理由，而且还会让孩子学会说气话。这样的做法后果不好，主要原因是父母没有做好充分的考虑，在情绪激动的时候无法客观地考虑问题，容易说过激的话。

所以当家长生气的时候，要先学会冷静，之后再解决问题，孩子也会乐于接受。

4. 多和孩子沟通

很多时候，孩子之所以和家长发生冲突，往往是由于缺乏沟通导致的。缺乏沟通的原因在哪里呢？从根本上说，是家长放不下架子，对孩子的思想、观点、行为不关注，而是根据自己的想法来左右孩子。而孩子不甘于接受，便会学着父母的样子和家长"冷战到底"。所以家长平时应该放下父母的架子，和孩子做朋友。如果家长抛出橄榄枝，相信孩子也会愿意向你倾诉他成长中的诸多问题的。

难听的脏话是爸爸的遗传

每个父母都不喜欢说脏话的孩子，毕竟脏话连篇会导致一个人的形象大打折扣。因此，在生活中，我们经常会看到这样的场景：孩子刚冒出一句脏话，父母的筷子已经砸了过去……

合理的教育，的确能让孩子杜绝说脏话。然而，如果父母就是一个"出口成脏"的人，孩子每天生活在充斥着脏话的家庭环境里，那么无论如何教育，也都无法起到积极的效果。尤其是有的父母不懂得控制情绪，总习惯"以脏治脏"，污言秽语层出不穷，孩子自然难以改变说脏话的毛病。

一天，陈鹏的爸爸正在上班，突然接到老师的电话。老师对他说，陈鹏在学校里总是骂人，脏话连篇，怎么讲也不听劝，希望家长能前来一起教育。

爸爸听完，自然是火冒三丈，飞速赶到了学校。他看见，陈鹏正在一群孩子的中间，指着一个同学，大声说道："你怎么这么笨！连这么简单的动作都不会，真不知道你妈是怎么把你养大的！"

陈鹏的话让其他同学顿时安静了下来，而那个被他骂的孩子更是号啕大哭。然而，陈鹏仿佛并没有过瘾，继续骂："哭什么哭！没种的东西！"

陈鹏的这一举动，让爸爸羞愧万分，走过去拎起陈鹏的耳朵骂道："小兔崽子，谁××教会你说脏话了！你看我不打断你的腿，你个龟孙子！"

见到爸爸来了，陈鹏顿时浑身一颤。不过，他迅速稳定了情绪，大声喊道："爸爸不讲道理！凭什么你能说，我就不能说！你说我就说！我不喜欢爸爸，爸爸是个废物！"

陈鹏的话，让爸爸愣住了。他没想到，自己在孩子的心里是这个样子；他更没想到，孩子居然对自己有这么大的敌意！他在心里低声地问道："难道我的教育方法真的错了吗？"

陈鹏爸爸的教育方式，非常具有代表性。不少父母在教育孩子时，总是不能平静内心的波动，情急之中就采取打骂的方式，出口成"脏"，严重地污染了家庭的语言环境。但父母却以为，自己的这种态度恰恰能体现自己的地位与权威，于是乐此不疲，各种不雅的词汇便成了口头禅。然而这样的父母又特别喜欢对孩子强调"文明、礼貌"。心口不一、不能以身作则，这样的父母能够教育好孩子吗？

还有的父母则习惯把对工作中的不满带回家里，一关上家门"狠"不择言，仿佛与这个世界有着血海深仇。可是你是否看见，孩子正在一旁盯着你？别忘了，你是孩子的第一任老师，当他遇到不满时，自然也会采取这种方式来泄愤！

为了教育出一个好孩子，那些满口脏话的父母，赶紧行动起来，作出积极的改变吧。

1. 郑重地向孩子道歉

父母的脏话有时候属于口误，例如在教育孩子时，突然有些急躁才脱口而出。这个时候，父母不要转移话题，更不要想方设法将之掩藏，而是应当诚恳地说声"对不起"。然后，父母可以解释刚才的行为，并对自己的做法感到懊悔。

"你真是气死我了，怎么又在这道题上做错了？真××笨！"看着王婷的试卷，爸爸情急之下，突然冒出了这样的一句话。刚说完，他立刻捂住了嘴，意识到自己说了脏话。话已经说了，还有道歉的必要吗？爸爸有些犹豫。王婷看了生气的爸爸，委屈地小声道歉，爸爸看着小心翼翼的女儿，想了想，也真诚地道歉。王婷看到这样的爸爸，破涕为笑。

我们都知道，尊重别人就是尊重自己，这句话对孩子也是适用的。其实向孩子说句"对不起"，父母根本不会丢面子，反而会赢得孩子的尊重。一句简单的道歉，孩子就能明白说脏话不好的道理，能感受到父母的真诚，从而对自己的言行作出约束。

2. 改掉自己的坏习惯

说脏话的习惯并非是一朝一夕养成的，因此改正起来自然有一定的困难。但是为了孩子的健康成长，父母就要下决心改掉自己身上的那些坏习惯，以防"遗传"给下一代，不仅让自己丢面子，以后孩子还会继续丢面子。

如果父母的确感到自行戒除有难度，那么不妨求助于相关专家。例如，你可以报名参加礼仪培训班，在文明的环境中扭转自己的行为；你还可以多参加大型活动，在友好的氛围下，逐渐改掉毛病。无论这个过程有多艰难，为了下一代，我们必须咬牙坚持。

3. 家庭成员之间要互相尊重

有的家长很重视对孩子的教育，不会用脏话来说孩子，但是在夫妻吵架的时候，脏话总是脱口而出。不要忘了，你的孩子在看着你们的行为，即便孩子不会用脏话和父母对话，但不代表孩子对外就能用礼貌用语。所以家长平时要注意言行，包括打电话、和他人交往的时候，多用礼貌用语，这样才能培养出一个讲文明、懂礼貌的好孩子。

孝敬，父母要做领头人

可怜天下父母心，在父母的眼中，孩子就是最珍贵的宝藏，为了孩子的成长，甘愿奉献一生的能量。那么在孩子的眼里，父母又在哪个位置？

每一个父母，都渴望拥有一个懂得孝顺的孩子，因此，"你长大了，可要记着爸爸的好啊""好好努力，将来妈妈就要靠着你活了"这样的语言，会频繁地从父母的口中飘出。

但在教育孩子前，父母不妨先想一想：你自己是如何对待老人的？如果你不懂得孝顺，那么也别奢望孩子对你孝顺！所谓种瓜得瓜种豆得豆，一个不懂得孝顺的父母的人，自然培养不出懂得孝顺的孩子。

王友竹和爸爸妈妈住在市区，爷爷奶奶在乡下生活。王友竹很喜欢爷爷奶奶，因为两位老人对她非常好，每次都会给她带许多好吃的东西。并且，王友竹感到爷爷奶奶很善良，每次在家里住，邻居都称赞爷爷奶奶的行为：帮大家打扫楼道，义务为大家看车子……

可是，自从王友竹上了初中后，她已经半年多没见到爷爷奶奶了。于是她问妈妈："妈妈，为什么爷爷奶奶不来咱们家了？"

妈妈笑了笑说："因为我不想让他们影响你啊！你知道，爷爷奶奶都是农村人，他们身上有好大的味道，该把咱们家弄脏了，你一定不喜欢。咱们每个月给他们点钱就行了，不用让他们来家里。"

妈妈的话让王友竹一愣。她没有说话，一个人默默地走开了。几天后，她和妈妈在聊天，这时妈妈说："孩子，如果我将来老了病了，你会怎么对我？"

王友竹说："我给你钱啊！你自己去看医生就好了。也许将来我会去更大的城市，甚至会出国，我可不想让你们拖累我的生活。"

妈妈听完这话，险些瘫倒在地。王友竹急忙问道："妈妈你怎么了？难道我说错了什么？可是这一切我都是和你学的啊！"

相信不仅是王友竹的妈妈，所有的父母听到孩子这么说，一定会无比愕然，继而感到一种心痛，甚至会对着孩子连打带骂。可是，打骂能解决问题吗？能唤醒孩子的孝敬之心吗？答案自然是否定的。甚至，这么做还会更加引起孩子的"憎恨"之情。

孩子说出"不孝"的语言，归根到底还是因为父母影响的。父母对待老人不好、不愿意和老人交流，甚至作出遗弃老人的行为，孩子自然看不到好榜样，并且会继承父母的这种做法。也许在小的时候，他们需要依赖父母，不会表现得非常明显，但等他成年、成家之后，不孝顺的举动就会逐渐显现。那个时候，当你看着这样的孩子，再没了打骂的力气，只能悔恨当年没给孩子作出好榜样。

为了培养孩子的孝心，在平常生活中，父母就要成为孩子的楷模。当然，这句话不能只停留在口头上。真正的孝敬，应当如一位散文家写的那样：真孝敬长辈，就应该严格要求自己，体谅长辈的艰辛，尽可能少让长辈为自己操心；真孝敬长辈，就应该听从长辈的教诲，不应随便顶撞，有不同想法应讲道理；真孝敬长辈，就应该在离家外出时，自己照顾好自己，注意安全，外出时间较长，应及时向父母汇报情况……

具体来说，为孩子树立孝敬的楷模，我们应当做到以下几条。

1. 通过点滴小事教育孩子

想要让孩子懂得孝敬，我们就必须放弃说教，利用小事对他进行培养。这是一个长期的潜移默化的过程，不是一朝一夕能够完成的。比如，父母可以提醒孩子，当其他长辈回家时，要主动问候；看到爷爷奶奶劳累时，应分担一下他们的工作，并请他们休息；当父母外出时，应提醒父母是否遗忘东西或注意天气变化。

当然，这些事也是父母必须做到的。否则，孩子看到父母不能以身作则，他也自然没了继续做下去的动力与兴趣。

2. 家长多看望长辈

现在很多家庭都是三口之家，祖辈并不和子孙生活在一起。这个时候，家长就要多带着孩子去探望爷爷奶奶，这样能够潜移默化地影响孩子，让孩子看到父母的行为，通过家长的行动理解什么是真正的孝心。

3. 不纵容孩子的任性行为

现在很多家庭都是独生子女，祖辈更是将孩子放在手心里宠着，即便孩子做了冒犯他们的事情，他们也可能不计较。但是家长一定要纠正孩子的这些错误行为，否则孩子就会越来越任性。

楚楚是一个任性的小公主，暑假的时候楚楚的爷爷来了，因为平时很少见，所以爷爷极为宠着孙女。有一天楚楚闹着要玩骑马游戏，爸爸妈妈不在家，楚楚就闹着爷爷和她玩。爷爷累了，楚楚就大闹起来。回家的妈妈了解了事情的经过，罚楚楚面壁思过。虽然爷爷表示没关系，但妈妈一点没心软，站了两个小时之后，楚楚跟妈妈和爷爷道歉，从那之后楚楚再也没那样任性过。

楚楚妈的做法是正确的，她让孩子明白了长辈是需要尊敬的，而没有放任孩子，家长们都应该做到这点。如果楚楚只是尊敬父母而不尊敬长辈，那只能说明孩子还没有理解孝敬的真正含义。家长平时要多教育孩子，长辈应该要更加尊敬，而且家长也要身体力行。时间久了，孩子自然会明白这个道理。

如果长辈默许孩子胡闹，家长也不管教，那么孩子就意识不到自己的错误，只能越来越任性。

父母爱分享，孩子不吝啬

"霸道"，很多父母在说起自己家的宝贝时，都会用上这个词。如今很多的独生子女的确霸道得很：自己的东西，决不让别人碰；爱吃的食物，就连爸爸妈妈也不能尝一口。

父母不明白，为什么孩子会变成如此，并且怎么说，他也听不进去？难道只有打骂才有效吗？其实，孩子不愿分享的原因，很大程度上是因为父母的教育不当造成的。父母不懂得分享，孩子自然就会染上霸道的"怪病"。

小胖不愧叫"小胖",浑身上下都是胖乎乎的肉。因为他的体型较大,所以在学校里,他也就成了"霸道小皇帝",总让同学们听他的,自己的东西他们绝对不能碰。即使在家,他也是如此。每次奶奶做红烧鱼时,总会把鱼身给小胖吃,其他人只能吃鱼头。于是,小胖养成了一种习惯:每次吃饭都把鱼放在自己面前。

看着孩子这个样子,爸爸不由得皱紧了眉头。这天,奶奶又做了红烧鱼,这时爸爸把鱼放在中间的位置,并且夹了一块鱼身。

这时小胖不干了,大喊道:"鱼是我的,你们不许吃。"

爸爸生气地说:"这鱼是奶奶做给大家的,为什么我们就不能吃?"

"骗人!奶奶明明就是做给我一个人的!"

这时候,妈妈也说话了:"孩子,别这么自私,你要懂得分享……"

小胖一生气,把筷子扔掉:"那你们怎么不分享你的汽车?那次张叔叔来借汽车,你为什么要找借口推辞?人家又开不坏!你可以,为什么我不行?"

"你……"爸爸还想训小胖,但刚一开口,却什么话也讲不出来了。

小胖这样的孩子正是现实生活的一个写照。尤其是在餐桌上,孩子的那份霸道会更加表露无遗:孩子成为了餐桌的中心,所有的菜食都是以孩子为主。这时候,孩子既不会照顾爸爸妈妈,更不会尊敬爷爷奶奶。

除了餐桌,漫画书、玩具,只要是孩子的东西,他们就绝不会与人分享。看见别人碰,他们就会大哭大闹,认为别人侵占了自己的权利。

而从小胖的案例中,我们可以清晰地看到:孩子不懂得分享,关键就在于父母的"坏榜样"。平常生活中,父母总是说些"咱们家的东西,干吗借给别人"这样的话,无意中就会被孩子听见。于是,孩子也会理所当然地认为:自己的东西，干吗要与别人分享！

一个自私的父母想要教育出懂得分享的孩子，这无异于天方夜谭。正是在潜移默化中，父母培养了孩子这种唯我独尊的心理，为孩子的霸道行为铺路。等到他长大时，他会感到人际交往非常困难，那时自然会抱怨父母当年的所作所为。

所以，想要改变孩子的这种心理，单纯的口头教育是绝没有效果的。只有以身作则，孩子才能懂得分享的道理。

1. 做个不吝啬的父母

孩子天生爱模仿，因此，父母就应该成为他的正确榜样。例如，当自己得了奖金时，不妨请同事们"撮一顿"，最好还能带上孩子，让他看到自己的大方；有了一幅名贵字画也不要藏着掖着，可以邀请好朋友一起到家里欣赏。听着别人赞扬你的话，孩子也会认为：原来爸爸这么厉害，能得到所有人的喜爱！

小可和周围的小朋友都不一样，她非常大方，有了什么玩具都和朋友一起玩，之所以她能够分享自己的玩具，是因为她有大方的父母。从小，小可就看着自己乐于助人的父母，爸爸妈妈经常不计报酬地帮助别人，有了好东西也和同事分享，所以在小可的意识里，好东西就是用来分享的，这样才能得到更多的快乐。

当孩子把父母当作骄傲时，他自然会模仿父母的行为，也会与他人分享自己喜欢的东西。因为，他也想得到别人的赞美！

2. 分享孩子的快乐

孩子是爱父母的，所以有了快乐，第一时间就会想到跟父母分享。这个时候，父母千万不要推辞，而是应该加入孩子的快乐之中。

与孩子一起分享快乐，就是为了让孩子感到：分享，会让快乐成倍增加！花上几小时，培养出一个乐观开朗、懂得分享的孩子，又何乐而不为呢？

3. 及时赞扬孩子的分享行为

孩子会模仿家长的行为，如果孩子第一次作出了分享的行为，家长一定要及时鼓励，这样才能强化孩子的优点，让孩子养成乐于分享的好习惯。

4. 孩子分享，家长要接受

很多家长在孩子小的时候都喜欢要孩子的零食和玩具，以此来看孩子是不是大方。如果孩子伸手了，那么家长就应该真的吃一口，或者真的玩一玩孩子的玩具，不能意思意思就算了。如果你只是示意一下，孩子会逐渐认为别人只是在逗他，只要做足"面子活"就够了，这样的孩子不会真正懂得分享，还是一个吝啬的孩子。

另外，当孩子和朋友发生矛盾，要家长主持公道的时候，家长一定不能偏袒自己的孩子，否则孩子就不会懂得公平。

做勇敢的父母，培养勇敢的孩子

每一个父母，都会在观察自己的孩子时，同时也观察别的孩子。结果我们发现：有的孩子很喜欢主动表现，公共场合也不陌生，有的孩子则表现得比较害羞，在外人面前不敢大声说话；有的孩子敢上树爬墙，有的孩子则认为那太危险而不去做；有的孩子可以自己独立面对一些困难，有的孩子则凡事都需要大人帮助解决。

当你的孩子正是后者时，相信你一定会感到一丝恐惧——如此胆怯的孩子，以后能做得了什么？的确，没有勇气的孩子，是很难在这个社会上立足的。也许在小时候，我们看不出什么不良后果，但是随着孩子逐渐长大，进入社会后，问题就会越来越凸显，甚至影响他的整个人生。

这绝不是危言耸听，缺乏勇气的人，往往缺乏主动性和自信心，所以可能因此而错过原本属于自己的成功和幸福。所以，从小培养孩子的优良性格，为他注入性格优势中重要的一点——勇气，这才是一个称职父母应有的行为。

有一次，爱爱和小杰一起玩耍。爱爱由于太高兴，便把帽子扔向空中，可没想到正好落到一个树杈上。又瘦又小的爱爱知道自己不可能完成取下帽子的"重任"，只好向旁边的小杰求助。

可是，小杰却拒绝了爱爱，他说那棵树太危险了，会摔下来的。虽然小树非常矮，但小杰还是很害怕。

这时候，小杰的爸爸正好经过他们旁边，看到小杰的举动，他走过来对儿子说："这棵树很矮，上去的话不会有什么危险，只要牢牢地抓住树枝就不会摔下来的。"

听了父亲的话，小杰并没有因此而鼓起勇气。这时，小杰的爸爸亲自示范了一下，他只是一跳就抓住了树枝，然后对小杰说："你看，这棵树不高吧？爸爸都这么大岁数了，还能爬树呢，你年纪这么小，更没问题了。"

见父亲这么说，小杰答应试一试。爬树的过程，开始他还有一些担忧和恐惧，不过在父亲的鼓励下，他还是勇敢地爬上了树，并取下了帽子。从树上下来后，小杰对父亲说："原来这棵树真的不高，并不可怕嘛！"从这以后，小杰勇敢多了。

人在一生中要不停地向前努力拼搏，不断迎接新的挑战和坎坷，而勇敢是一种必备的力量和态度。不可否认，孩子由于缺乏生存经验和成熟的世界观，所以经常会流露出怯懦、胆小、对陌生事物害怕的情绪。但父母不要以为孩子天生就是胆小的，我们完全可以在教育的过程中培养他的勇气。

当然，在开始教育之前，父母要先认清曾经的教育误区。其实，孩子的勇气不足，很大程度上正是因为父母造成的。有些家长把孩子当成"瓷娃娃"，怕磕着碰着、怕有任何不适应，总是把孩子带在身边，形影不离。这样一来，就会使孩子形成一种强烈的依赖心理和被保护意识。如果孩子逐渐长大后，父母还持续给予这样的保护，那么就很容易导致孩子离开大人就害怕。

还有的父母则太过限制孩子的自由，使他们缺少群体玩耍和活动的机会。有些孩子除了父母、长辈，极少与同龄小朋友一起玩耍，极少有走亲访友的机会。这样，便会使孩子的交际能力萎缩，怕见生人，怕在众人面前讲话。

针对这些原因，家长在教育孩子的过程中要采取合理的手段扭转孩子的懦弱。

1. 树立榜样，做勇敢的父母

我们常说孩子是父母的镜子。一个胆小如鼠的父亲，绝不会培养出勇气可嘉的儿子；一个怕这怕那的母亲也断难培养出敢作敢为的女儿。

所以说，要想让孩子成为勇敢的人，父母就要重视榜样的力量，为孩子树立一个无所畏惧的良好形象。在面对各种挫折和挑战时，父母万万不可表现得畏首畏尾，而是应该挺直胸膛说："没关系，这个问题一定迎刃而解！"在这种环境下成长的孩子，又怎可能形成懦弱的性格？

2. 了解真实的情况，明白孩子到底怕什么

由于表达能力不够强或者心智尚未成熟等原因，孩子往往表现得"言行不

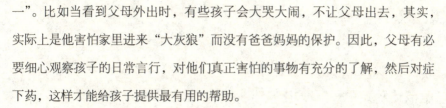

一"。比如当看到父母外出时，有些孩子会大哭大闹，不让父母出去，其实，实际上是他害怕家里进来"大灰狼"而没有爸爸妈妈的保护。因此，父母有必要细心观察孩子的日常言行，对他们真正害怕的事物有充分的了解，然后对症下药，这样才能给孩子提供最有用的帮助。

3. 让孩子当"小司令"

孩子没有勇气，最大的表现就是不敢也不愿在众人面前表现自己，这就是所说的"不出挑"，不管做什么事，他都躲在别人的后面。

由于孩子的一再害羞，他会失去在人前表现的机会，表现的机会少了，孩子更害羞了。这是一个很打击孩子自信心的恶性循环，所以，当父母知道孩子有了表现自己的机会时，一定要鼓励他"冲上去"！

当然，语言上的鼓励也许不能完全发挥效果，这个时候，你就可以利用其他方式激励他。你不妨找几个年龄比他小的孩子，让他们一起玩。孩子虽然害羞，但因为比其他孩子年龄大，游戏中他就会处于主动的位置。不管是玩什么游戏，出什么主意，他都会自然地成为孩子中的"小司令"。

如果孩子能够领导一个团队，那么久而久之，他的害羞心理自然会烟消云散。

4. 按照孩子自身的方式助其消除恐惧感

孩子往往会对一些事物产生恐惧，比如漆黑的屋子、模样怪异的毛绒玩具、童话故事里妖魔鬼怪的形象等。在看到或者听到这些后，有些孩子会对其产生惧怕心理。这时候，就需要家长告诉孩子，漆黑的屋子只要打开灯就明亮了，模样怪异的毛绒玩具和妖魔鬼怪是害怕勇敢的宝宝的，他们不敢来到勇敢孩子的身边。这样，孩子便很容易接受父母的话，并消除惧怕心理。

做情绪稳定的父母，让孩子拥有良好的自控力

有一位教育学家，在针对自己的孩子教育时，说过这样一句话："我不在乎他学到多少知识，相比较而言，我更希望他能驾驭好自己的情绪。"

的确，一个孩子无论能力多么优秀，倘若不能驾驭自己的情绪，无法做到自控，那么他就很难拥有一个良好的心理素质。大喜大悲，无法抵制诱惑，对困难异常恐惧……这样的孩子即使再优秀，也必然会在人生的路上磕磕绊绊。

不可否认，对于尚在成长发育中的孩子来说，由于其中枢神经系统尚未发育完善，传递的神经行动容易泛化，因此常会表现出自制能力比较弱。正因为如此，我们才必须帮助孩子学会自控。

在帮助孩子的过程当中，家长首先要注意的就是情绪的控制，因为站在教育者的立场上，如果家长自控能力很差，那么很难让孩子信服。只有做一个能够自控的父母，才能教育出懂得自控的孩子。

润润学习成绩非常好，而且能歌善舞。可是，等她接触电脑后，就迷上了电脑游戏，从此一发不可收拾，学习成绩一落千丈，身上的才艺也就此荒废了。

润润爸爸知道后非常生气，他很想质问孩子怎么就管不住自己。但是冷静下来之后，爸爸觉得大发雷霆的自己无法教育孩子，就像自己难以克制自己的脾气一样，孩子自然难以自控。于是他决定用理智的方法帮孩子克制网瘾。

润润的爸爸没有进行空洞的说教，而是写了个小纸条放在女儿的桌子上："亲爱的女儿，我知道你的内心是矛盾和痛苦的，你不想沉迷于电脑，也想好好学习，可是你控制不住自己。如果你愿意，爸爸将尽全力帮助你。"

第二天，润润果然主动来询问爸爸提高自制力的方法，爸爸告诉润润说："没什么特殊的方法，只要你从小事做起，比如按时起床，还是睡懒觉；是先做作业，还是先看电视剧；是先帮妈妈打扫卫生，还是先去玩，这些都是对你的自制力的考验。只要你在小事上加强自制力的锻炼，一旦遇到大事，你就会表现出强大的自制力。"后来，爸爸为了加强说服力，还加了一句："在知道你有了网瘾之后，你不知道我有多气愤！但是我还是控制住了自己，爸爸能做到，你也一定可以。"

润润想了想说："好吧，那我试试。从明天开始我坚持6点起床，然后做半个小时的晨读，再和爸爸去跑步。爸爸，你能监督我吗？"

爸爸高兴地说："当然可以！"

为了进一步帮助孩子，爸爸还制定了"自制五法则"：列时间表，使学习、生活有规律；控制接触对象，拒绝和拉自己去网吧的同学来往；实现承诺，承诺了就必须做到；达成目标，定下学习小目标，一步步去实现；控制忧虑，乐观地面对挫折。

半年后，润润果然戒掉了电脑游戏的瘾，成绩也很快得到了提高，又成了那个多才多艺的润润。

可以想象，如果润润的爸爸没有帮助孩子，那么润润此时一定彻底被网络所控制。更难能可贵的是，爸爸没有急躁地训斥孩子，而是耐心地帮助她培养自控能力。

现在有的父母知道自控能力的重要性，但他们总幻想着一蹴而就，让孩子立刻来个"大变身"。其实，自控能力的培养需要一个较长的过程，急于求成是要不得的。在这个过程中，孩子甚至还会出现反复的现象。一顿大骂或训斥会让所有的努力都白费，孩子会因此出现强烈的抵抗情绪，偏要与父母对着干。

那么，父母应该做到哪些方面，才有助于提升孩子的自制力呢？

1. 父母要情绪稳定

心理学家曾做过这样一项实验：让孩子们看一些关于自制力的录像，比如在公共场所不乱跑乱叫、参观博物馆时不乱动东西、等爸爸来了再吃糕点，等等。结果，看过录像的孩子比没看过录像的自制力要强一些。由此我们总结出这样一条经验：孩子自制力的培养很需要榜样的力量。

生活中，孩子最容易模仿的对象就是父母，父母自制力的表现会影响孩子自制力的发展。倘若父母就是一个容易情绪失控的人，那么无论你如何教育孩子，那都是苍白无力的。即使孩子嘴上答应，但心里也会说："凭什么你可以那样，却非要限制我！哼，爸爸妈妈都是骗子！"

2. 利用游戏和活动培养孩子的自制力

没有一个孩子不喜欢游戏，在娱乐中对其教育，这是最具效果的。有一位家长，就是利用这种方法成功培养了孩子的自制力。

婷婷刚上学的时候，十分不适应学校的生活，加上从小性格就很活泼、急躁，所以很难控制自己。上课时，她总是控制不住自己和同学交头接耳，不听老师讲课。婷婷的妈妈没有用老套的方法教育孩子，而是让自己的女儿做了一回老师。在扮演老师的游戏当中，婷婷会特别注意控制自己，因为要"为人师表"嘛，老师都是这个样子的。通过这个游戏，渐渐地婷婷改正了以前的陋习。

从这位妈妈的经验看，做游戏和参加活动确实对培养孩子的自制力有很大的帮助，孩子能在自然生动的条件下发展自制力。所以，父母不妨从孩子感兴趣的事情上出发，激发孩子的兴趣和注意力，一步步培养孩子的自制能力。

3. 从生活的细节培养孩子自控能力

苏联作家高尔基曾经说过："哪怕是对自己小小的克制，也会使人变得坚强。"所以，父母要让孩子懂得"一分克制，十分力量"的道理，让他在琐碎的生活小事中去慢慢克制自己，并且让他看到克制所取得的巨大效果。例如，我们可以让他学着做饭、让他去打扫屋子、让他陪着爸爸修理家电……这些事情都不是可以立刻完成的，因此他自然就会耐下心来，急躁的情绪就会得到合理控制。

不管怎样，让孩子形成较强的自制力不可能一蹴而就，它需要一个过程。所以，父母们要抓住生活中的点点滴滴，从小事上要求孩子，让他一步步获得提高。另外，需要提醒父母们的是，孩子自制力的形成可能会出现反复的现象。如果遇到这种情况，父母应该耐心地坐下来和孩子分析原因和对策，而不要粗暴地指责孩子。

有乐观开朗的父母，才会有积极向上的孩子

乐观开朗不但是迷人的性格特征，还有更神奇的功能，它能使人对生活中的许多困难产生心理免疫。学会保持乐观、开朗的情绪，对孩子来说是一件有利于身心健康的事情，也是获得幸福快乐一生的基础。

看看身边的小孩子，具有乐观开朗性格的孩子总是受到身边小朋友的喜爱。因为他们多么喜欢他呀，他脸上总是洋溢着笑容，说话总是能逗人开心；他的手势、动作是那些活泼、形象；在遇到困难的时候，他从来都不悲观，总是能给人以信心和力量；在别人需要帮助的时候，他总能对人伸出热情之手。跟他在一起，感觉到一种快乐的活力和蓬勃的生命力，感到快乐从心底升腾起来。这样的孩子具有人见人爱的人格魅力，像一个快乐的磁铁吸引着周围的人靠近他，与他欢声笑语。

丫丫是一个乐观向上的女孩子，在学校也非常受欢迎，不管遇到什么样的困难，丫丫都用微笑来面对。没有人明白，为什么年龄不大的丫丫内心这么坚强，总能看到生活当中的阳光。实际上，这和丫丫的父母分不开。

在丫丫小的时候，她的家庭环境并没有特别优越，她的父母只不过是普通的个体户。当时她的父母经营着一个早点摊，每天早出晚归，连个门面都没有，只能支一个防雨棚，到阴天下雨的时候，防雨棚还漏水。

丫丫小的时候因为没人带，有时就会跟着父母去早点摊，看着爸爸妈妈辛

辛苦苦的样子,天真的丫丫总是不明白爸爸妈妈为什么不哭。每当她提出疑问的时候,妈妈总是回答她:"生活很美好啊,你看咱们还有自己的生意,爸爸妈妈不会一直卖早点,总有一天咱们会有自己的店面,还要开大酒店呢!"

每当妈妈跟她形容未来的生活时,丫丫都觉得妈妈的笑容非常迷人。即便她家也曾遇到过各种灾难,但是丫丫的父母从来都没有放弃希望,这给了丫丫很大的鼓舞。

因为丫丫的父母为人随和,还总是面带笑容,她家的生意总是比别家好。到了丫丫升入二年级的时候,她家的酒楼终于开张了,她的父母依旧每天阳光满面。从小在这样的环境下成长,丫丫也成了一个乐观向上的人。

就像故事中所说的那样,乐观向上的人不仅能得到周围人的好感,从自身出发,也能赋予自己面对困难的勇气。一个积极向上的人,必定是一个内心强大的人。每个家长都希望自己的孩子能够坚强地面对挫折,在困境面前也能保持微笑,只有这样的孩子未来才能取得巨大的成功。

反之,一个长期具有消极悲观情绪的孩子,则无法积极地面对人生,容易意志消沉,对未来丧失信心。

没有一个孩子是天生的悲观主义者,他们的情绪和性格都是后天养成的,其中,父母的影响不容小觑。通常,积极乐观的孩子所生活的家庭中也充满了朝气,家庭和谐,父母也都是积极向上的人;而那些悲观的孩子,通常家庭环境都比较压抑,父母也多是悲观主义者。

那么家长应该怎样把积极乐观的信念传递给孩子呢?

1. 遇到问题不退缩

家长的处世态度会直接影响到孩子对困难与挫折的认识,所以在面临困境的时候,家长是怎样的姿态很重要。如果家长面对困难消极、悲观,甚至不做任何努力就放弃的话，那么孩子也会受到影响，在他面临问题的时候也会本能地闪躲，而不去解决。

在困难来临时，面对再艰难的处境，家长也要保持乐观向上的心态，这不仅仅是为了孩子，也是给自己战胜困难的勇气。当然，这样的态度会影响孩子的一生，将它看作是孩子未来的希望，相信家长们都能勇敢地面对困难和挫折了。

2. 为孩子塑造一个乐观向上的家庭氛围

有了快乐的家长才会有乐观的孩子，要想你的孩子具有乐观开朗的性格，首先要给他塑造一个和谐、幸福的家庭氛围，这种氛围来源于父母的乐观自信、幽默、豁达，父母的这种态度将深深影响和熏陶自己的孩子。

如果某天早晨你们要出门，偏偏却突然下起了雨，父亲千万不要说："咱们怎么这么倒霉，偏偏要出门的时候就下雨！"这样说，并不能改变下雨这个事实，却会让全家人接受你的情绪。如果说："呀，太好了，下雨了！树木、庄稼、小草都得到了雨水的滋润，就会越长越高了。"这样的话语会给自己带来一个好心情，也会把快乐传递给全家，让孩子无论面对何种环境，都能保持一种乐观的心态。

在这种氛围中长大的孩子，即使将来在生活中遇到困难挫折，也能始终保持健康的心态，积极寻求办法克服困难，来达到自己的既定目标。因为父母的做法已经给了他信心，让他相信一切美好的东西。一个对自己的童年有着幸福与温馨回忆的人，心中会永远洋溢着幸福。

所以，家长需要时常照照镜子，看看自己是不是经常一副"苦瓜脸"；或检查自己是否常常唉声叹气，总是看到事情不好的一面；看看是否经常在孩子面前抱怨，抱怨社会不公，抱怨物价太高，自己收入太少……倘若如此，家长一定要"改头换面"，去乐观地面对困难。

3. 不做孤僻的父母

朋友对人们的影响很大，一个孤僻的人通常都是消极处世的，一个乐观向上的人自然会有很多朋友围绕在周围。不要断绝身边的友谊，多一些朋友，你的快乐也就多一些。看着父母的笑脸，孩子也会从心中快乐起来。

家长多看书，孩子才能爱上阅读

相信每个家长都想培养出一个有素养、有内涵，并且博学多才的孩子。而成为这样的人，大量的阅读必不可少。阅读对于孩子而言是非常重要的，通过阅读可以增长孩子的见识，拓宽他的思路，也加深他对事物的理解，还能积累词句，可以说好处多多。

既然有这么多好处，家长们自然想让孩子多阅读了。但是要怎么做呢？有的孩子一看书就困，其实这是因为孩子将书和学习联系到了一起。如果家长只是用语言告诉孩子多看书，那么孩子自然难以爱上阅读。阅读实际上是一种习惯，关键在于怎样培养孩子阅读的兴趣。在这点上，祖灵的父母做得就很好。

祖灵升入小学四年级以后变了很多，以前的她总是喜欢疯玩，现在的祖灵就像个大姑娘一样了，虽然也很开朗，但是不会再无限度地玩闹了。而且更大的进步在学习上，祖灵视野很开阔，在同学中间知道得最多，总能讲出很多新鲜事来。而且平时祖灵还非常关注新闻，这些都成了她笔下的素材。正是因为积累，祖灵的写作能力很高，前段时间她的作文还获奖了。

其实祖灵一年前还不是这样，一年前的她还是一个喜欢疯玩的孩子，对学习也没兴趣，每天只知道玩。经过一年的时间，大家都说祖灵的成长速度真快，变化真大，但祖灵明白，自己的变化多亏了阅读。

祖灵以前其实并不喜欢读书，甚至是讨厌，但想不到的是，她的父母潜移默化地影响了她。在一次家长会上，祖灵的妈妈说出了自己的办法：

"其实每个孩子都有爱上阅读的可能，以前祖灵很讨厌看书，也静不下心来。她喜欢玩游戏、喜欢运动，做事没有耐心。听说读书可以静心，所以我买来了很多书籍，然后给了祖灵。事实上买书并不是目的，目的是让她看。为了做到这点，我和她爸爸没少想办法，苦口婆心，批评、说教都不管用……"

看着其他的家长一脸疑惑，祖灵妈笑了笑，接着说："偶然的一次吵架让我找到了方法。那天祖灵又要出去玩，而我呢，希望孩子乖乖看书，不让她去，然后她就和我生气了。她说，'让我做自己喜欢的事情为什么就不行呢？你也知道书不好看，你天天都看电视剧，游戏就像电视剧一样，是我喜欢的！'在孩子说完这句话之后我才开始反思，问题在我这里。我总是让她看书，却没能给她一个看书的理由。在和她爸爸商量过后，第二天开始我们回家就不看电视了，每个人捧着一本书在那儿看。说实话，一开始我觉得这是煎熬，这时候我才理解了孩子。不过神奇的是，很快我们两个人都爱上了阅读。时间久了，祖灵也因为好奇开始看书，就像我一样，她慢慢地也爱上了阅读这件事，而且慢慢地什么书都看，性子也静了许多。"

其实有时教育就是这么简单，只要你做一个榜样，孩子自然会参照、模仿。没有不能改变的孩子，只有教育不当的家长。现实当中很多家长都会抱怨："我什么都给他准备好，总是为他买书，但是他就是不看，我能有什么办法？"

如果家长这样想，那么就错了。很多家长都告诉孩子阅读可以增长见识，有助于他学习，但是有时孩子是抵触学习这件事情的，所以当你将阅读和学习挂钩的时候，孩子很可能本能地抵触，如果让孩子觉得阅读是一件快乐的事情，那么他自然就会爱上阅读了。

或许有的家长认为孩子不可能认为阅读是一件快乐的事，如果这样想，只能说家长本身就不喜欢阅读。要知道，孩子是通过父母的言传身教来学习的，而身教往往比言教影响力大，你的行为取决于你的态度和想法，所以只有你改变自己的想法，自己爱上阅读，孩子才能爱上阅读。

具体来说，家长们可以从以下几点做起。

1. 给孩子一个良好的阅读氛围

氛围很重要，它不单单指客观环境，还有周边的影响。家长们不要以为给孩子一个大而漂亮的书房就够了。好奇心正旺盛的年纪，孩子非常容易受影响。如果家长将孩子关在书房让他看书，而自己在外面看电视、打麻将的话，那么孩子也很难集中精力阅读，这需要家长的积极配合，保持一个安静而不压抑的环境，这样孩子才能静下心来看书。

最好家长也能和孩子一起看书，这样孩子才能真正地沉浸到阅读的氛围当中。

赵鹏的爱好很广泛，但是他最喜欢的还是看书，因为他从书中能够找到一个更大的世界。赵鹏的父母非常配合孩子，他们家周末都很少看电视，只要看到孩子在阅读，赵鹏的父母就会和孩子一起看书，偶尔遇到不错的内容还会一起讨论，一家人其乐融融。

安静的环境并不代表着压抑，家长要注意这点，自然就好，不要过度，如果做什么都小心翼翼，反而容易让孩子的注意力转移到你的身上。自由一点，如果看书要发言，那就自由发言，这样阅读的过程才会让孩子觉得有意思。

2. 找到兴趣点

这不仅仅是对孩子说的，更是对家长们说的，也就是说，家长要找到自己的兴趣，这样才能找到自己喜欢的书。孩子不喜欢阅读也没关系，家长要寻找切入点。如果孩子喜欢网游，不如找一些相应的杂志，之后慢慢找各种孩子感兴趣的书，激发起孩子阅读的兴趣，那么家长们就不用担心孩子不能爱上阅读了。

和孩子约定规则并严格遵守

诚信是人与人交往最重要的一部分，一个没有诚信的人很难获得友谊。不仅是大人，孩子之间更是如此。孩子们的交往不掺杂任何利益，非常纯粹，对于他们而言，诚信更加重要。

每个家长都希望培养出正直的好孩子，因此各种方法都没少用，但是真正有效的方法还是要利用孩子的"模仿"本性。做一个讲诚信、遵守约定的家长，那么孩子自然也会成为一个说话算话的好孩子。

这里所说的诚信不仅是成人之间的，不如说家长和孩子之间的约定更加重要。孩子信任父母，而他们信任父母的基础除了和父母最亲近之外，还包括家长是否遵守和孩子之间的约定。

乖巧可爱的萍萍在妈妈那里得了个"忘事佬"的外号，原因就是萍萍做事总丢三落四。马上要上初中了，妈妈想利用开学前的暑假把萍萍的问题给纠正过来。于是，妈妈找萍萍商量："可不可以和妈妈做个约定？"

"什么约定？"萍萍问。

妈妈告诉萍萍："我们列一个考核表，妈妈每天给你'10分'，你做得不规范或者做错一件事就要扣掉一分，如果帮妈妈做一件事就奖励一分。如果得分在5分以上，你就可以看20分钟《爱冒险的朵拉》；如果超过15分，你就可以看半个小时。"

《爱冒险的朵拉》是萍萍最近非常喜欢看的一个动画片。一听妈妈以此来和自己作为约定中的"砝码"，萍萍很爽快地就答应了。

第二天正式实施了，到了晚上，妈妈就指出了萍萍的几处错误：第一，喝完水，忘了盖杯子盖；第二，小便后，忘了冲马桶；第三，脱下衣服后，没有叠好，而是乱扔到衣柜里；第四，进门后忘了换拖鞋……还没等妈妈说完，萍萍就叫了起来："哎呀……怎么这么多，幸亏还没开始，以后我可得小心了！"

果然，接下来的几天，萍萍小心翼翼地做着每一件事。尽管也有扣分的时候，但一天比一天少，而且得到的奖励也越来越多了。

故事中，萍萍妈妈做得很不错，她为了培养女儿做事认真细致的习惯，运用了"奖惩"制度，并且严格遵守。这样，萍萍就会从中感受到"制度"的威力，做得不好，就认罚；做得好，就享有奖励。在妈妈的严格训练下，萍萍不但能够越来越细心，而且还更加懂得遵守约定的重要性。

其实，绝大多数孩子都会存在一些小毛病，如果父母不多留意，那么很容易助长孩子养成不良习惯。所以，我们不妨向萍萍的妈妈学习，利用日常中的一些行为，和孩子约定某种规则，并鼓励和监督孩子认真履行。这样，孩子做事有条理，又懂得规则的重要性，不会随便失信。

但是家长应该注意一点，萍萍之所以能够严格遵守，除了惩罚之外，她的妈妈许诺的奖励也从来没有食言过，这对于孩子而言是最重要的一点。如果她的妈妈只是挖了一个"陷阱"等萍萍跳，只有惩罚兑现，那么这个约定也会没有用。如果具体分析的话，家长做到以下几方面，就能够保证孩子做一个遵守约定的人。

1. 答应孩子的事不能食言

家长和孩子之间的承诺非常重要，孩子很看重这一点，所以家长一定要对孩子说话算话，绝不能敷衍。如果家长说了不做，那么和孩子之间的约定就没有了实际的作用，孩子也不会去遵守，因为他对你已经失去了信任。

张涛最近学习不是很认真，为了改变孩子的状态，张涛的爸爸和他约定，如果他这次考试能够考进全班前十，就在周末带他去他最喜欢的科技展。张涛听后非常开心，并且努力复习，终于在考试当中成功进入前十。没想到周末爸爸要加班，回来张涛就抱怨了一句，爸爸就说："你取得这个成绩是你应该的，对你有好处，还跟我讲条件。"张涛听后非常愤怒，那天就像和爸爸作对一样，作业也没有写，周一张涛的爸爸就被老师叫到学校了。

孩子的喜怒哀乐很简单，如果家长不兑现诺言，那么孩子很可能作出一些幼稚的行为，就像张涛那样。不要小看和孩子之间的约定，如果你辜负了孩子的信任，那么以后很可能孩子都不会再相信你，他也不会遵守自己的诺言。

2. 和孩子相互制约

有时家长和孩子之间有约定，奖励并不能吸引孩子。这时，家长便可以用平等的条约和孩子约定，比如孩子要做到哪些要求，相应的家长应该遵守什么，这样更容易遵守，也更容易互相制约。

其中需要注意的是，约定一定要公平，不能有双向标准。另外，在制定约定的时候也要加入孩子的意见，不能以家长单方面的要求为标准。

3. 雷打不动的约定

既然是约定，就一定要遵守，只有这样才能让孩子认识到约定的重要性。不要总是说有特殊情况，这样约定就没有了实际意义。只要定下了约定，就一定要遵守。

第四章
这些事你一定不要当着孩子的面做

儿童教育家孙敬修先生说过："孩子的眼睛是录像机，孩子的耳朵是录音机。"父母的行为就好比一本活的教科书，我们要有意识地规范自己的言行，避免一些不良行为出现在孩子面前。努力为孩子树立一个效仿的榜样，让他从这本"书"中学到我们所期待的东西。

乱扔乱放，缺乏条理

俗话说，喊破嗓子，不如做出样子。父母要言传身教，以身作则，做任何事情都要表现出一种强烈的责任感，以认真负责的态度影响孩子。如在家做事时主动勤快，有条理，脏衣服不乱塞乱放，换下来就洗，上班前总是将房间收拾整齐等，为孩子树立良好的榜样。

培养孩子做事有条理是一个漫长的过程，只要父母坚持要求，反复强化，不断激励并加以督促引导，就能使孩子养成做事有条理的好习惯。

明明的妈妈十分喜欢唠叨，每当看到明明做得不好，'总是不停地指责他：

"别把书乱扔乱放。""别看电视了，抓紧去学习。"与此同时，她自己却经常把东西随手一放，有时还因为看电视，耽误要做的事情。这让明明常常以"你不也把东西随手一放吗"或"你也因为看电视而耽误事情了"等理由顶嘴，不听妈妈的话。

一位朋友发现了这一现象，当明明妈妈再一次抱怨孩子不听话的时候，朋友真诚地指出了她教子的失误。听了朋友的话，明明妈妈及时地改掉了自己的坏习惯，用完东西后及时放回原处，将原来看电视的时间改成了看书，并减少了对明明的唠叨。一段时间后，她惊喜地发现，自己的唠叨少了，而明明的坏毛病却一点点地改掉了。当她问到孩子为什么改掉这些习惯的时候，明明说："妈妈什么样儿，我也什么样儿，我是妈妈的小镜子。"

要想让孩子心服口服，家长就要作出一个样子来，如果你的做法和你的教育理念不一致，那么很难让孩子信服。

做事有条理是非常重要的，如果孩子做事没有条理，那么就容易手忙脚乱，效率不高，反之，则能够事半功倍。那么家长应该从哪些方面入手呢？

1. 和孩子一起建立合理的作息制度

要想做事有条理，就要生活有规律，这是基础。当然，家长应该起到带头表率的作用，如果家长生活没有规律的话，就很难约束孩子。举例来说，家长应该根据孩子的年龄特点，制定合适的作息时间表，比如起床的时间、吃饭的时间以及学习、玩耍的时间，等等。这些时间固定下来，孩子就能慢慢适应有条理的生活。

孩子不是家庭当中的特例，所以家长也要遵守作息时间。比如在孩子学习的时候家长要做些什么，最好形成规律。看见家长生活有规律，孩子自然也会慢慢按照作息制度执行。

2. 整洁的家庭环境很重要

如果家里乱糟糟的，那么孩子做事也很难有条理。家长应该给孩子一个整洁的环境，什么东西该放在什么位置最好固定下来，形成习惯。如果家长习惯随便乱放，那么孩子自然很难做事有秩序。

小旭家里干净整洁，这要归功于他有一个爱打扫的妈妈。而小旭房间干净整洁，则是小旭自己整理的。别看他是个男孩子，房间却收拾得干净整洁，东西放在哪里都有顺序，从来不会随手乱放。在小旭小的时候，他就经常看见妈妈打扫房间，什么东西放在什么位置也是有条不紊的。随着小旭年龄的增长，妈妈将小旭的房间交给他自己打理。从小看着妈妈整理房间，小旭做事也有条不紊，房间干净整洁。

整理房间看起来是小事，但对孩子的影响也很大，看看孩子平时找东西是随便乱翻还是有目的地去找就明白了。如果孩子习惯到处乱翻，那么就证明他的东西摆放随便，家长要引导孩子将物品摆放整齐，有一定的顺序。当然，家长要起到表率的作用。

3. 带领孩子做事前计划

如果家长做事也没有条理的话，那么不如从现在开始就和孩子一起制订事前计划。有了计划，做事才能有条理，比如先做什么，再做什么。家长和孩子一起做计划，可以给孩子的计划提出修正意见，同时两个人一起也容易完成，还能加强亲子关系。

在家里随意谈论 "爆炸新闻"

孩子们的好奇心总是那么旺盛，他们喜欢讨论新鲜事，更乐于听新鲜事，基于这点，家长们就应该要注意了。现实生活当中，家长们在外面奔波了一天，有可能看到很多事，听到很多新闻，回到家后一放松，就将这些新闻讲出来了。相信很多家长都是这样的，但是在你宣布"重大发现"的时候，有筛选过新闻的内容吗？

现在社会上每天都有各种各样的事情发生，有鼓舞人心的正面英雄，也有那些负面新闻。如果家长每天只是为了"八卦一下"而说这些新闻，那么就不如不要说，因为孩子会将你说的新闻当作故事一样听进去，还会记住。像这种生活中见不到的事情对于孩子来说有着致命的吸引，他会跟朋友们讲，总是想着这件事，自然会消耗孩子的精力，让他分心。

一菲是个好奇心旺盛的小姑娘，她的妈妈是营业员，每天总能看到很多新鲜事，但是在工作的时候又没有什么聊天的机会。所以，在闲暇时一群人总是围在一起聊各种各样的"爆炸性"新闻，等下班后一菲的妈妈又会将新闻带回家来讲。

在晚饭时分，一菲总能听到各种各样的"爆炸性"新闻，这些对她而言既新鲜又刺激。这不，现在她妈妈又开始讲新闻了。一菲妈妈跟一菲爸爸说："唉，你知不知道啊，今天我工作隔壁的那条街发生了一起枪击案！就那个万隆金店，一个蒙面人进去之后就从营业员那儿抢了钥匙，然后拿完东西直接就开枪把那个营业员打死了！你说说这都什么事啊。"

一菲爸爸看了一眼听得认真的一菲，跟妈妈说："以后你说话注意着点，孩子都听着呢。"一菲妈妈瞥了爸爸一眼，说道："听见又怎么了，孩子不小了，该知道的得知道！"然后就转过身对一菲说，"乖女儿，妈妈告诉你，这种事世界上每天都在发生，你可得小心，现在坏人可多了！"

一菲听完妈妈的话眼泪汪汪的，妈妈也不知道怎么回事，匆匆地让一菲吃完晚饭就去做作业了。一菲哪有心思做作业啊，她现在可害怕了，想起妈妈说前些日子还有入室抢劫的人呢，会不会也有坏人闯进自己的家？今天妈妈说死的那个是个营业员，一菲的妈妈也是营业员，那妈妈会不会遇到危险？就这样，一菲作业不仅没做好，晚上还失眠了。

第二天，一菲的精神状态非常不好，上课也老走神，而且看见不认识的人就本能地躲避。每天在这样的状态下度过，一菲感觉心里越来越难受，她甚至不想去上学了。跟妈妈说了反倒被妈妈批评，说她没出息。一菲真的非常害怕，为了防止遇到坏人，一菲偷偷地将水果刀装到了口袋里。

很快，一菲的水果刀被老师发现了，老师找来了家长谈话，建议家长带着一菲去看心理医生。通过治疗，一菲的妈妈才知道自己对孩子做了多么可怕的事情。

孩子从出生开始，就是通过自己的感官来认识这个世界的，他们会有意识地利用自己的感官来感觉这个世界。随着自我意识的形成，孩子对很多事情都有了自己的看法，所以你说的很多话、做的很多事对孩子都会有影响，而他的想法不一定和你一样。虽然孩子已经有了自我意识，但这并不代表着他的心智已经成熟，成长当中的孩子应该避免一些太过负面的东西，所以家长有义务让"爆炸新闻"远离孩子的世界。

怕负面新闻让孩子内心出现阴暗面是其一，但是"爆炸新闻"的影响可不仅如此。家长们在说新闻的时候难免会加入一些评论，而大多数时候这些评论都是在说他人的是非，要知道这样的行为很可能会被孩子模仿，更加直接的影响就是孩子会时刻想着这些内容，无心学习。所以无论从哪方面来说，家长都应该停止随便谈论"爆炸新闻"的行为。

当然，这并不是说家长回家应该三缄其口，什么都不说，这样只会让家庭环境变得非常压抑，那么家长应该怎样做呢？

1. 筛选谈论的内容

这是每位家长必做的一项功课，回到家的时候可以谈论一些见闻，但是一定要对内容进行筛选，那些太过刺激、负面的新闻不要当着孩子的面讨论，这些孩子都会听进去，并且还会记住。

家长可以说一些积极向上的新闻，之后还可以和孩子进行讨论，以此来激励孩子。但是家长应该要记住，和孩子的谈论不要太过刻意，这样孩子在家里就没有放松的感觉了。

2. 饭桌上禁止谈论新闻

孩子还在长身体的时候，吃饭分心不利于人体的消化吸收，大人如此，孩子也是一样。所以，为了孩子的身体健康，家长不应该在饭桌上说新鲜事，尤其是那些爆炸性新闻，这些刺激性的信息会影响孩子的进餐。

小安吃饭很慢，总是吃两口饭就停下来，不知道他在想些什么，一会儿看看这，一会儿看看那。马上就要升入初中了，到时候他就会在学校吃饭，小安不好好吃饭，这让爸妈非常担心。小安之所以会这样，是因为从小养成了坏习惯，他的父母总是在吃饭的时候聊天，小安就听着，哪次都是最后吃完，慢慢地就养成吃饭磨蹭的坏习惯了。

喜欢攀比，容不得别人比自己强

　　每个家长都希望自己的孩子是最优秀的，是出类拔萃的，这个愿望无可厚非，但是如果家长的这个愿望太过强烈，那么很有可能会给孩子造成压力。也有的家长喜欢拿自己的孩子和其他的孩子比较，纯粹是出于一种攀比的本能。

　　虽说竞争可以使人进步，但是攀比真的是正面的吗？相信看到这个词的家长就知道这是一个贬义词，因为攀比多是出于妒忌心理和虚荣心。虽然每个人都有虚荣心，但是如果被虚荣心所控制，那么就会造成负面影响。尤其对于纯真的孩子而言，攀比就像是一味毒药。

　　米娜有一位漂亮的妈妈，她的妈妈年轻貌美，还做得一手好菜，不过她的妈妈也有着很强的虚荣心。米娜继承了母亲的美貌，同时也继承了妈妈的虚荣心，她万事都喜欢攀比。遇到比自己漂亮的女孩子，米娜甚至会哭。看到同班的女孩子穿得比自己漂亮，米娜就会非常生气，晚上回家就会将自己关在屋子里，翻出自己所有的衣服，第二天一定要穿得比同学漂亮才甘心。

　　面对女儿过强的攀比心，米娜的爸爸感到很无奈，每当他教育女儿的时候，妈妈就会插嘴："女儿有好胜心有什么不对，难道非要平庸你才看着舒服？乖女儿，不要听你爸爸瞎说。走，妈妈带你去买新衣服，明天一定把你的同学比下去。你可是我女儿，绝对没有比你更漂亮的孩子了！"

　　得到妈妈的支持，米娜非常开心，而且为了能穿漂亮的衣服，米娜连晚饭都没有吃。第二天，米娜妈妈还特意为她做了一头卷卷的头发，画了一个淡妆。

每天米娜都把注意力放在自己精致的外表上面，对学习的关注度并不高，学习成绩也一直不好。但是，如果哪个女孩子得了第一，米娜就会非常气愤，铆着劲地学习，就算不睡觉，也要超过同学。因为米娜虚荣心过剩，再加上平时很骄傲，所以她身边一直没有什么朋友。

米娜之所以成为这个样子，不得不说和她那爱攀比的妈妈分不开，她的妈妈不止喜欢攀比，还支持女儿和他人攀比，也正是因为这样，才导致了米娜乖张的性格。虽然米娜在学习上也会和他人竞争，但是这种竞争是一种不健康的行为，家长们不该提倡。

虽然像米娜妈妈这样的人并不多，但是很多家长都有攀比的心理。拿自己的孩子和别人家的孩子比较似乎成了家长们的必修功课，虽然家长意在激励自己的孩子，但是这样很可能会让孩子产生很强烈的逆反心理。

当然，并不是说家长应该摒弃孩子努力的目标，只是比较应该科学规范，不应该盲目攀比。家长如果做到以下几点，那么可以肯定地说，你激励了你的孩子，而不是盲目的攀比心理作祟。

1. 让孩子和以前的自己相比

每个孩子都有自己的潜力和特质，随着孩子一天天地成长，这些潜力和特质会更多地体现出来。家长们需要做的，不是去和别的孩子作横向的比较，而是让孩子和他自己进行比较，看看曾经的他是什么样，现在比当初有了多少进步。这样一来，不但能感受到孩子的进步，孩子自己也会因此而更加自信。

2. 相信自己的孩子是独一无二的

人外有人、天外有天，如果家长要拿自己的孩子和每个孩子都来比较的话，不可能总是自己的孩子是最优秀的。但是，父母应该认识到，每个孩子都有自己的长处和短处。盲目地攀比只会抹杀孩子的个性、打击孩子的自信，对孩子的成长是绝无好处的。

3. 成绩只是一种反馈

不看成绩的家长似乎不存在，而很多孩子惧怕考试，有考前恐惧症也是因为这个。家长过度关心成绩，喜欢拿自己的孩子和成绩好的孩子比较。这样一来，孩子永远达不到家长的目标。

阿奇对学习非常抵触，尤其是考试。每当考试来临的时候，他就有逃课的冲动，因为成绩下来的那天一定是他的"末日"。阿奇的妈妈对他格外严厉，望子成龙的妈妈不允许自己的孩子成绩不好，这样会让她在同事面前失了面子。她从来不看儿子的进步，只看儿子的分数。因为妈妈，阿奇已经得了严重的考前恐惧症。

家长攀比，无论是比物质生活，还是比自己的孩子，都不过是虚荣心作祟，家长应该保持一颗平常心，多看看自己孩子的优点，以此来增强孩子的自信，促使孩子进步。

4. 多着眼于孩子的个性

每个孩子都有自己优秀的一面，家长应该多看孩子的长处，而不是总拿孩子的缺点去和其他孩子的优点相比，父母这样做未免太不公平了。发掘孩子的闪光点，然后加以培养，才能让孩子的潜力得到最大限度的挖掘。

5. 引导孩子正当竞争

有时不是家长拿孩子比较，而是孩子自身喜欢和他人攀比，比吃，比穿。当看到比自己优秀的人时，孩子会产生强烈的忌妒心，这些负面情绪有碍于孩子的心理健康。作为家长，应该引导孩子订立正确的目标，并向着目标前进。

不要总是和孩子讨论他们的未来

每个家长都希望自己孩子的未来能够光明辉煌，为了孩子的明天，很多家长都在孩子很小的时候就规划开了，希望孩子这样，希望孩子那样。随着孩子年龄的增长，大部分家长都希望孩子能够明确自己的目标，所以不停地问孩子的未来想怎样，要怎样规划。

确实，培养孩子的主见，让孩子有明确的前进目标是好的，但是不停地和孩子讨论他们的未来真的好吗？现在的他们真的能够决定自己的未来吗？

即便孩子是整个家庭当中的希望，但是也要给孩子一定的空间和自由，无止境地以未来和目标鞭策孩子，很有可能让孩子在终点之前却步。

安诺是个有些胆小的孩子，但是他的梦想却很大，就是成为一个宇航员。平时的安诺很少说话，问他什么问题他也很少回答，但是问起他的未来时，他却很明确，就是要做一名宇航员。

虽然看上去没什么问题，但实际上安诺根本就不喜欢宇宙、太空，他对这些没有任何兴趣，反而更偏向于美术，他觉得绘画能够表达自己的想法，平时那些无法表达的语言可以用图画来表示。

其实对于梦想，安诺并不知道是什么，他只是习惯性地回答，因为他的父母觉得宇航员是非常光彩的职业，所以在他很小的时候就不断地告诉他："你未来是一名宇航员，你要向着那个方向努力。"

当然，这也并非是全部的理由。在安诺还牙牙学语的时候，他的父母就不停地对安诺说"以后要当宇航员"这样的话。后来，每当家人问起安诺以后要做什么的时候，安诺只要回答"宇航员"，他的家人就会特别高兴。

小小的安诺并不知道父母为什么笑，但是他喜欢父母对着他笑，所以每次他都给父母同样的回答，直到有一天安诺长大了。在安诺长大之后，他的父母觉得孩子并不怎么喜欢自然科学，对那些兴趣乏乏，所以就和安诺谈话，想要知道他未来的理想是什么。

安诺已经习惯于同一个回答了，所以当父母再问起这个问题时，他感到很迷茫。他发现自己不知道回答什么的时候，父母看起来似乎要说他，所以安诺马上回答自己以后要做宇航员，先要考上大学，然后成为宇航员。

安诺的父母看自己的孩子似乎目标很明确，就没说什么。安诺没想到，那之后"宇航员"三个字就成了他的梦魇。只要他学习退步，爸爸妈妈就会用"宇航员"来说事，然后反复问他未来要做什么，安诺觉得自己快要疯了。

虽然孩子的成长很迅速，但是在合适的时间里还是要做适当的事情才行。孩子的自我意识才刚刚形成，对于他来说，未来还很渺茫，他甚至可能不知道自己的兴趣是什么。如果在这个时候，家长就不停地和孩子讨论他的未来，那么孩子的决定只能是仓促的。

不要因为孩子没有目标而感到愤怒，人生就是一个寻找的旅程，在他成长的过程当中一定会找到自己的方向。所以家长无须太过急切，甚至替自己的孩子作决定，然后用大把的时间说服他相信自己的决定。

要知道，孩子的未来属于他自己，只有他才能找到自己真正想做的事情。如果过早地让孩子决定自己的未来，那么他的梦想只能是一个空泛的概念，无从努力。家长不要着急，让孩子从小的目标开始就好了。因为孩子的思想还不够成熟，他们的决定会受父母影响，所以过多地和孩子谈论他们的未来，孩子就会将家长的期望当作自己的目标，而不是真的梦想。另外，如果孩子在努力的过程中没能达成家长的期待，那么家长要告诉孩子他们的梦想破灭了吗？

家长正确地看待孩子的未来，要从以下几点做起。

1. 引导孩子寻找，而不是逼迫他找到

确定梦想是一个寻找的过程，需要时间，家长不能期待孩子在短时间内作出决定，毕竟人生很漫长，决定他一生的梦想是非常重要的事情。家长可以告诉孩子："随着你长大，你的眼界会慢慢拓宽，你现在可以想想，自己有没有什么喜欢的事情，想要做一辈子，那就是你的梦想。"耐心一点告诉他，不要急于质问他未来想要做什么，那样只会让孩子手足无措。

陪着孩子慢慢寻找，总有一天会找到的。不要急于一时，更不要逼迫孩子，才是家长应该做的事情。

2. 发现孩子的兴趣爱好

引导孩子不是用遥远的未来将他禁锢，孩子在成长过程中有无数的未知数，所以家长应该给孩子足够的空间，不能本末倒置。

李薇爱好广泛，而且比较善变，但是她的父母并没有因此而说孩子没有长性，他们总是支持孩子的爱好，而且通过长时间观察，他们发现女儿最喜欢英语了，从幼儿园开始，女儿就对英语有着浓厚的兴趣。父母在支持她爱好广泛的同时，也注意引导孩子向英语方向努力，但从未问过孩子以后要做什么。在李薇五年级的时候，她的父母依旧培养她的兴趣，在即将升入初中的时候，李薇自己决定要上双语学校，以后要做一个外交官。

　　孩子的成长是循序渐进的，多点爱好无妨，家长应该给予支持。通过平时的观察找到孩子最大的兴趣，从而慢慢引导孩子向着一个方向努力，这样孩子会慢慢找到自己的目标。

无条件满足孩子的任何要求

　　每个父母都爱自己的孩子，但很多父母爱得有些过度。要知道，溺爱只能使孩子变得任性、自私、意志薄弱，不善于克制自己。这方面，家长的态度要统一，不能姥姥说可以再看一集动画片，而妈妈却不同意；也不能妈妈说周末只能去动物园，而没有时间再去植物园，其他家人就不要告诉孩子两个地方都可以去。

　　芊芊是个极度任性的女孩，什么都要最好的，如果哪一点不合她的心意，她就会"大闹天宫"，闹得家里不得安宁。说到底，芊芊的性格完全是她的家人惯出来的。

　　芊芊的父亲是个大忙人，常年不在家，回家看到芊芊就像看到了宝贝一样，怎么疼都觉得不够；而妈妈在生育芊芊的时候已经 36 岁了，是一个高龄产妇，生育芊芊实属不易，所以把女儿当公主一样宠着，家里条件优越，孩子要什么他们就给什么。

　　再说芊芊的爷爷奶奶，看见宝贝孙女恨不得天上的太阳都给她。在这样一个幸福的环境当中，芊芊长大了。小的时候她的任性被人说是古灵精怪，但是到了该懂事的年龄，芊芊就像没有长大一样，还是非常任性。

有一天，奶奶做了芊芊非常喜欢吃的酒酿鸡翅，没想到临吃饭的时候芊芊突然变卦了，说什么都不吃。她突发奇想要吃比萨，任全家人磨破了嘴皮子，她就是不肯吃饭，最后甚至把自己关到房间里，扬言吃不到比萨就不睡觉。

没有办法，芊芊的爷爷大晚上的还要出门给她买比萨。买回来的时候芊芊吃了两口就说困了不吃了。

还有一次，芊芊看到班上有位同学穿了一件限量版的T恤，她回家就吵着要，爸爸答应她下次回来买给她，但说什么芊芊都不听。她说第二天看不到T恤就不去上学，结果第二天她真的不去上学。爸爸看着任性的女儿生气了，他刚要发火，芊芊的泪珠子就吧嗒吧嗒地掉下来，还说爸爸不疼她了。就这样，全家都拿她没有办法。

芊芊为什么会变成这个样子，无疑，和家人的过分溺爱分不开。因为从来没有人管教她，每个人都无条件地满足她的任何要求，致使她没有了是非观，成了一个以自己为中心的任性女孩。

芊芊这样的孩子说起来也很可怜，因为她不懂什么是对、什么是错，从来没有人告诉过她。如果她的家人能够正确地引导孩子，那么芊芊可能就是另外一个样子了。

看完这个故事后，你是否有共鸣呢？你的孩子是否也有极度任性的时候呢？如果是这样，那么家长就要反思了，是不是因为自己平时太过骄纵孩子，满足孩子的一切要求？对待孩子的要求家长要理智看待，这样才能让他明白是非对错。

1. 父母要让孩子正确认识金钱

很多孩子要什么有什么，他们只知道自己想要就会有，从来没有想过父母挣钱的艰辛。作为家长，有必要培养孩子正确的价值观、金钱观，让孩子正确地看待物质，了解物质的真正含义是什么。

从家长方面来说，花钱要有节制，如果家长花钱不知计划，大手大脚，习惯了铺张浪费，那么孩子也会跟随你的步伐，成为一个不知节俭的人。所以，家长要让孩子认识金钱，培养孩子的理财观念，同时也要控制自己适度消费。

2. 延迟孩子的需求

当孩子有要求的时候，家长不要第一时间满足，不是不能满足孩子的要求，而是延缓满足，有时也可以提一些交换条件，让孩子知道，想要得到自己想要的东西，就要付出相应的努力。

比如，当孩子要某个玩具的时候，家长可以提出一些条件，或是让孩子等一等。慢慢地，孩子在要求不能满足的时候也不会无理取闹了。

3. 要让孩子懂得是否真的需要

当人们要得到某样东西时，如果得来得太容易，往往不懂得珍惜，孩子也是如此。如果孩子随便提出什么要求家长都予以满足，那么孩子会将这看作是常态，是家长应该要做的。当哪一天家长无法满足孩子的要求时，他就会大吵大闹，是非观也出现偏差。

嘉嘉的妈妈很疼儿子，基本上孩子提出的要求都会予以满足，但是家长的疼爱到了孩子眼里就变味了，他觉得这是家长应该要做的。有一次嘉嘉看上了一个玩具火车，但是家里有很多了，嘉嘉的妈妈没有给他买，没想到嘉嘉在商场里就坐在地上哭。妈妈没有办法，只好买给他。回家后，嘉嘉玩了两天就把火车扔在角落里不玩了。

家长不能因为孩子耍赖就示弱，如果孩子得逞，那么每当自己的需求得不到满足的时候，孩子都会使用这样的方法，所以家长的妥协就是对孩子的放纵。当孩子提出不合理的要求时，家长可以问孩子需要的理由，然后引导孩子自己分析自己是不是真的需要。这样，慢慢地孩子就不会总是提出任性的要求了。

为防止自满，不要过多表扬孩子

如今，以称赞的方式来帮助孩子进步，已经成了全球育儿的新趋势。父母们认为，赞扬会帮助孩子树立自信，从而取得成就。就连大名鼎鼎的英国的《每日邮报》也曾报道："表扬已成为现代育儿方法中的一剂万能药。"

但是，中国的父母也别忘了这个成语——物极必反。假如父母因为孩子完成一些力所能及的小事就大加赞赏，这对孩子的成长反而不是非常有利。因为父母这样做可能使孩子不再努力钻研，不知道自己需要付出多少努力才能取得真正意义上的成功。对表扬有所节制，这才是发挥表扬激励作用的秘诀所在。

莱莱从小就在音乐上展现出了过人的天赋，因此凡是接触过他的人，都认为他是一个神童。甚至有人说，这孩子绝对会成长为一个伟大的艺术家。因此，他的父母就对他进行音乐方面的培养，还专门聘请了家庭教师。

到了十四五岁的时候，莱莱就通晓了所有的乐理知识，而且能够熟练演奏很多乐器，尤其精通钢琴和小提琴。在他周围的所有人看来，这真是一件不可思议的事！

　　当然，没有人是完美无瑕的，更何况一个小孩子。有一次，莱莱的家庭教师给他指出了一点不足，建议他在音乐的表现力上再加强一些，因为仅凭技巧很难抒发出音乐情感。没承想，听惯了赞美声的莱莱对于老师的意见不屑一顾，甚至大为恼火："你认为我连这个都不懂吗？你认为我除了技巧的东西别的都不会吗？"

　　显然，莱莱根本听不进老师的话，他自以为是地认为自己就是个音乐天才，他所做的一切都是正确的，是无人能及的。结果，老师无奈地离开了，他认为这样下去，自己生气不说，莱莱也难成气候。

　　后来事实证明，这位老师的判断是正确的。莱莱总是以音乐神童自居，经常随意改动那些优秀的作品，他认为那些作者都太平庸了。再后来，赞扬他的人越来越少，而他也终日光顾酒吧，变得穷困潦倒，再没了小时候的神采奕奕。

　　赞美的确能够让孩子拥有自信，但是，过度的夸奖则可能是孩子前进路途中的障碍。骄傲使人落后是人人皆知的道理，可是在现实生活中，当一些孩子取得较好的成绩之后，有很多父母唯恐别人不知道自己孩子的优秀之处，喜欢到处夸奖孩子。殊不知，这样往往会害了孩子，很容易将孩子本身的潜能扼杀掉，让他变成一个碌碌无为的人，毁了孩子一生的前途。

　　为什么会这样？这是因为表扬并不总是与孩子品质的养成同步增长，习惯性地接受表扬，会导致孩子对表扬的依赖，无论做什么事情，目的就是为了得到表扬；而司空见惯、唾手可得的表扬，又可能会使孩子对表扬无动于衷，从而逐渐失去对完成各种任务的兴趣。

　　过多的表扬对孩子的影响还有很多，其中之一就是对自信心和专心致志这两种意识的培养产生不利影响。很多时候，为防止出现可能的失败，他们会不惜放弃参与一些带有挑战性的集体活动的良好机会。长大成人之后，他们的性格和心理会有一个明显的特点：既害怕自我挑战，又害怕别人挑战自己。

所以说，当孩子正在做或已经完成某件有意义的事情后，给予赞美是必需的。但是，父母一定要掌握赞美的时机和原则，切不可滥加赞美，失去原则。

1. 表扬要具体

表扬孩子的时候，切忌笼统、模糊，比如"你真是一个好孩子""你真棒"这样的一般赞语，虽然暂时能提高孩子的自信心，但孩子不明白自己好在哪里、为什么受表扬，且容易养成骄傲、听不得半点批评的坏习惯。

正确表扬孩子的方式，应该是对孩子的优点和进步的具体细节给予肯定，使孩子明白"好"在哪里。对孩子的表扬越具体，孩子越容易明白哪些是好的行为，越容易找准努力的方向。例如，孩子看完书后，自己把书放回原处，摆放整齐，如果这时父母说："你自己把书收拾这么整齐，我真高兴！"那么他就会对这个行为留下深刻的印象，而不是笼统地只记住一个"好"字。

2. 不能总用同一种表扬方式

人们都会对新鲜事物敏感，如果刺激总是千篇一律，没有什么新鲜元素进入的话，就不容易引起人们的注意。父母表扬孩子的方式也是同样的道理，如果总是用同一种方式对孩子进行表扬，孩子听得多了很容易感到麻木。如此一来，也就难以产生良好的动机，父母的表扬也就失去了其本身应有的价值。

3. 表扬要看见过程

父母对孩子表扬时，应重在过程而非结果。即便孩子失败了，奋斗的经历对他来说也是一种财富。例如，孩子想"自己的事自己干"，吃完饭后，自己去刷碗，不小心把碗打破了。这时父母不分青红皂白一顿批评，孩子也许就不敢尝试自己做事了。如果父母冷静下来说："你想自己做事很好，但厨房路滑，要小心！"孩子的心情就放松了，不仅喜欢自己的事自己做，还会非常乐意帮你去干其他家务。

4. 表扬要掌握好时机和分寸

虽说孩子通过努力取得成绩，或者做完了他理所应当做的事情，应该得到表扬，但当孩子养成良好的习惯后，就可以适当减少对他这一方面的赞美。赞美孩子并给予适当的奖励，或是亲吻或是搂抱，都会给孩子以奇妙的力量。

任何事情都要有个度，超越了正常范围反而会起到相反的效果。所以，对于孩子的赞美还是以适当为妙，否则他就会成为下一个"方仲永"！

满腹牢骚，一天到晚抱怨多多

想想周围的朋友，有几个是时常愁眉苦脸，每天哀叹抱怨，又有几个是每天笑呵呵的呢？仔细想想，你喜欢和那些终日愁眉苦脸的人交往吗？答案是肯定不愿意。没有人希望身边的人每天满腹牢骚，不停地抱怨。为什么呢？因为情绪会传染，即便你心情很好，如果有个人一天到晚在你身边抱怨，那么你的心情也好不起来，说不定你也会变成一个喜欢抱怨的人。

说到这里，你是不是想到什么了？没错，如果家长每天都习惯于抱怨生活中的不幸、工作中的烦心事，那么这些情绪垃圾也会堆积在孩子的心里，让孩子也成为一个喜欢抱怨的人。

想想这是多么可怕的一件事啊，正是天真烂漫的年龄，如果每天都愁云惨淡，抱怨学习、抱怨生活，那么孩子会是什么样子呢？

9岁的君君一直是妈妈眼里的乖巧宝宝，可是从今年开始，妈妈明显觉得这个孩子有点"难对付"了。

原来，以前君君什么事情都会听从妈妈的安排，而现在却总是爱和妈妈唱反调。比如，以前只要妈妈上街，君君总会像个小尾巴似的跟在后面，有几次不让他去，他还很不乐意地撅着个小嘴巴。可现在即使叫他，他也会不耐烦地拒绝。而且君君以前还很开心帮妈妈跑前跑后地干这干那，忙得不亦乐乎，如今他宁可坐着发呆，也不愿意动一下。

有一次，马上要吃饭了，妈妈让君君把餐桌擦一下。可他却只顾看电视，装作没听见。妈妈又叫了他一声，他依然如故。妈妈不耐烦了，就说这孩子现在怎么越来越懒了，在学校里的思想品德课也不知道是怎么上的，都不知道体贴一下父母。

妈妈不知道原因何在，就只好通过日常生活中的悉心观察和反思自己的教育方式来寻找答案。

终于有一天，妈妈听君君说了这样一句话，才似有所悟。君君对妈妈说："你能不能别再唠叨，我现在不是小孩子了，不要让我什么事都听你的。你在外面还经常跟别人说我笨，既然这样，那我还帮你做事情干吗；还有，每次帮你干完活，你总埋怨我做得不够好。总是这样的话，我当然不愿意听你的话了。"说到这儿，君君委屈得都要哭了。

听君君这么一说，妈妈猛然间明白了。

和君君同班的萱萱最近也遇到了问题，她每天都闷闷不乐的，原来她的学习成绩退步了。原因在于萱萱已经没有办法安心地学习了，因为最近她的妈妈工作上遇到了问题，回家总是和爸爸抱怨，知道萱萱成绩下降之后，更是火大，又抱怨起萱萱不省心来。

短短的半个月时间，萱萱也成了一个"小怨妇"，经常和朋友抱怨妈妈的不好，闹得大家都不爱和她玩了。

　　这个事例在现实当中并不鲜见，像君君妈妈、萱萱妈妈这样的家长大有人在。虽然抱怨生活几句只不过是一种情绪的发泄，但是家长们不要忘了，家庭不止是大人的二人世界，还有心智不成熟的孩子。如果家长抱怨过多，会给孩子的心理造成一定的负担。

　　家长抱怨过多造成的不良影响有很多，孩子有可能像萱萱那样，也成了一个满腹牢骚的人，或者成为君君一样的孩子，对家长的唠叨产生了严重的逆反心理，无论是哪一种，都不是家长们愿意见到的。因此，家长要注意，不能经常在孩子的面前发牢骚。

1. 将不良情绪挡在门外

　　家长们生活在竞争激烈的社会当中，有时难免会压力过大，想要发泄不满情绪。其实方法有很多，比如可以在街上逛一逛，到人少的地方散散步，舒缓一下情绪，这样才能以平和的心境面对孩子。如果将满腹牢骚带回家，那么家里也会弥漫着负面的气氛。

2. 就事论事，不要掺杂其他情绪

　　有的家长在外面心情郁闷，回到家刚好看到孩子犯了一点小错，孩子的这点小错就像是骆驼背上最后的稻草，将家长精心维持的形象破坏了。作为成年人，家长应该学会控制自己的情绪，就事论事，不要将其他情绪掺杂其中，否则很容易引起孩子的不满。这样一来，对孩子的教育也就很难进行了。

　　小雯这天闯祸了，不过不是什么大事，她就是不小心弄坏了拖把。在妈妈回来的时候，小雯主动承认了错误，没想到妈妈非常生气，像连珠炮似的批评了小雯。本来小雯很诚恳地承认错误，但是看到妈妈这个样子她反而有了逆反心理，干脆不道歉就回房间了。等到妈妈冷静下来，才发觉自己太过激动，把因为堵车造成的不良情绪发泄在了孩子身上。她和小雯道了歉，小雯也原谅了妈妈，还承认了自己的错误。

即便像小雯的妈妈一样一时按捺不住火气，过后也要及时和孩子道歉，不要放不下家长的面子，孩子的教育比什么都重要。当然，最重要的是家长应该控制好自己的情绪。

3. 要懂得暗示的技巧

孩子自尊心很强，如果你直接责备他，或是抱怨，都容易遭到孩子的反感和抵制。为此，家长们不妨讲究点策略，用暗示的方法让孩子认识到自己的错误和不足。例如，父母可以借用别人的相同过错来暗示孩子。需要注意的是，这个"别人"是借彼喻此地启发孩子，那么就能让孩子很快明白你的用意，也就乐于接受你的批评和教育。

用"武力"教训孩子

在我国"棍棒教育"流传了很多年，有很多人相信通过皮肉之苦可以给孩子教训，让孩子记住自己的错误，所谓"爱之深责之切"。但是你有没有想过，孩子是怎样想的呢？虽然家长是出于爱，但是到了心智不成熟的孩子那里，可能你的爱就被曲解了。

不打不成才已经是过去时了，现在讲究的是素质教育，如果家长对待孩子过于粗暴，除了对孩子的身体有影响之外，还有可能对孩子的心理健康产生不良影响。

　　小海生活在一个普通的工薪阶层家庭当中，他的父母压力非常大，因为他们要供养孩子，还要还房贷，每天早出晚归挤公交车。对于他们来说，生活虽然很辛苦，但是小海为他们带来了希望。

　　小海的爸爸对儿子的期望值很高，他认为自己的孩子一定要出人头地。他是从农村走出来的，小时候家里兄弟姊妹很多，只有他考上了大学。要说原因，他还是很感激自己父母的棍棒教育的。在小海爸爸看来，没有父母的棍棒教育，自己有可能一辈子都走不出大山，因此，他也奉行父母的棍棒教育。

　　每当小海犯了错误，小海的爸爸对孩子肯定是一顿打，有时甚至还会动用皮带。对于丈夫的做法，小海妈并不赞同，她认为时代已经不同了，再用那样的方法只会对孩子造成伤害，更何况小海是一个温柔的孩子。

　　但是小海的爸爸一意孤行，平时小海考试成绩一出来，只要分数低了，就会挨打。"武力"教育不断升级，小海的逆反心理也越来越重。有一次，小海和邻居孩子玩耍的时候失手推倒了邻居家的孩子。本来孩子之间不过小打小闹，那个孩子也没当回事，起来准备继续玩，没想到这一幕被小海的爸爸看到了，他上来二话不说就给了小海一个巴掌。这一巴掌让小海异常气愤，他梗着脖子说什么都不肯道歉。

　　小海爸爸看儿子不肯道歉，以为下手轻了，于是巴掌又落了下来，邻居家的孩子吓坏了，赶紧去找自己的父母。邻居来了看见小海的爸爸在打孩子，赶紧上前拦着。小海的爸爸看到这样孩子都不肯道歉，自己的威严受到了影响，于是下手更重，他甚至打红了眼。

　　直到小海晕过去，也没有道歉。这件事过后，小海和父亲的关系僵了起来，而且小海的妈妈也和小海爸也闹起了冷战。这个时候小海爸才开始反思，是不是自己做错了。

现在提倡素质教育，孩子成熟得比较早，在成长的敏感期当中，自尊对于孩子而言是非常重要的，而粗暴的武力教育毫无疑问会让孩子的自尊心受损，这时孩子会怎么做呢？现实当中不乏这样的新闻：××因不堪父母的粗暴教育，离家出走。这并不是传说，而是现实当中真正存在的故事。

家长应该将孩子当成一个个体来看待，而不是自己的附属品，说打就打，说骂就骂。只有教育方法正确，才能让孩子顺应你的方向发展，才能健康成长。那么怎样做才是正确的呢？

1. 用耐心倾听，多了解孩子

很多家长对孩子的教育简单而粗暴，说到底是因为耐心不足，脾气火暴。只要知道孩子犯了错，就不分青红皂白地骂孩子，甚至是打孩子，这样的做法无疑是大错特错。孩子犯错有他的原因，家长应该冷静地听孩子解释，多了解孩子，才知道应该怎样帮助孩子走出困局，避免下次再犯错误。

如果家长只是以粗暴的教育方式对待孩子，那么时间久了孩子的反叛心理便会增加，他也会对家长保持缄默，不会对家长敞开心扉，这是非常不利的。

2. 和孩子做朋友，走进孩子的内心世界

如果父母时刻端着家长的架子，那么很难了解孩子最真实的样子。所以家长应该要放下身段，不要太过在意家长的威严，和孩子做朋友，这样才能让孩子真正对你敞开心扉。

绍绍在朋友当中颇受羡慕，因为他有好爸爸和好妈妈。他的父母对待他就像对待朋友一样，他们聊天的时候自然又随意。绍绍从来不怕自己的父母，但

是犯了错误，父母的建议他也乐于接受。他们一家其乐融融地生活着，绍绍每天都笑呵呵的。

家长不甘于放下身段，是因为家长的威严在作祟。实际上，家长摆出一副高高在上的样子，本身就是对孩子的不尊重，所以家长不要总是用高高在上的语气和孩子说话，随和一点，和孩子做朋友，才能了解孩子的动向和成长。

3. 面对孩子要平和

当家长盛怒的时候，是不适合教育孩子的，因为冲动很容易"擦枪走火"，如果难以自控，伤害了孩子就后悔莫及了。所以，在生气之前先默默地数几个数，等心态平和一些的时候再和孩子讨论他的错误。

4. 孩子认错要鼓励，更要原谅

有的家长认为，孩子不打是不会认错的，即便认了错，也是因为惧怕挨打所以才会敷衍家长的，说到底，不得不打。但事实真的是这样吗？如果父母执意要体罚孩子，那么孩子可能是"屈打成招"，或许他根本不知道错在哪里。

如果孩子自己认识到了错误，那么家长就应该给他一个机会。当你体谅孩子之后，孩子才会体谅你，以后他才不会再犯相同的错误。

5. 该有的惩罚还是得有

虽说不能采用棍棒教育，但并不意味着孩子可以躲避惩罚。如果孩子犯了错，或者重复犯相同的错误，那么批评是一定要有的，只是不能说一些有损孩子尊严的话。而且目的并不是惩罚孩子，而是让孩子认识到自己的错误。比如禁止孩子看动画一天，或者打扫家务一天，等等。

把对孩子的付出时常挂在嘴边

有的家长为了激励孩子，时常把自己对孩子的付出挂在嘴边，虽然家长并不是为了让孩子"报恩"，但是在孩子看来，除了压力之外他们看不到其他，时间久了，还有可能对家长的教育反感。

那么哪些话容易使孩子反感呢？比如，"你一定要好好学习啊，为了你我们省吃俭用""我们为了你放弃了升职的机会"，等等。这些翻旧账的话能不说就不要说，因为对于家长的付出，孩子只是单方面地接受，或许孩子想要的不过是自由，你给的并不一定是他想要的。如果家长执意如此，只能让孩子产生严重的逆反心理。

李亚是一个很有灵性的孩子，他在音乐上很有天赋，他的音乐老师也极力推荐他参加少年宫的培训班。刚开始李亚还兴致勃勃，但是最近他总是心不在焉，好像将这件事情抛到脑后去了。

老师找李亚，通过谈话，知道了李亚心不在焉的原因。原来，李亚的父母对他寄予厚望，李亚的爸爸是一个美术爱好者，他为美术付出了极大的心血，甚至曾经还想要四处漂泊写生。但是有了李亚之后，他决定省吃俭用来供孩子上好的学校，让孩子替自己实现这个梦想。

但事实上李亚并不喜欢美术，他不仅有音乐天赋，他还更热爱音乐，有时午饭时间他甚至听歌入迷忘记去食堂。但是李亚没有办法表达自己的想法，因为在他看来，自己这辈子都欠父母的，所以他要按照父亲的指定方向前进。

通过进一步了解，老师发现李亚的父母对李亚很好，平时也不用他做家务，什么都给他最好的，只是这份爱对于李亚来说太过沉重了。

在和老师聊天的过程当中，老师发现李亚其实非常热爱音乐，于是他作最后的努力，劝李亚再去和父母商量商量。

第二天，李亚来了，看着孩子的表情，老师就知道结果了，因为他看起来非常伤心。他跟老师倾诉："我和爸爸商量，结果他执意让我学美术，还说他出钱就要听他的，然后不停地说他多不容易。现在我真想退学去打工，把欠他的钱全部还给他！"

看着失落的孩子，老师不知道应该怎样安慰他了。

孩子年龄还小，不能承受太过沉重的爱，对孩子抱有希望是对的，但如果太过寄予厚望，孩子有可能会被无形的压力压垮。他们成长需要的是自由发挥的空间，而不是束缚他们的名为"爱"的枷锁。

如果家长总是将自己的付出挂在嘴边，那么就会让孩子认为家长对自己的付出不是无私的，而是有目的、有功利性的行为。如果孩子有了这样的认知，那么家长付出的一切都会让孩子反感，甚至会产生严重的逆反心理。就像李亚那样，出现严重的厌学情绪，有的还会作出一些极端的行为来。

1. 爱孩子要适度

孩子就像幼苗一样，他的成长需要广阔的天空，如果家长爱孩子爱到失去理智，那么这份爱就像一座巨大的山，遮挡住了阳光，也挡住了孩子的希望。孩子是父母最大的骄傲，但不是父母的财产。孩子是有独立思想的，也是有独立感情的个体，父母不能为了满足自己而不顾孩子的意愿，这样的爱是践踏孩子人格和自尊的。

孩子再小也渴望得到尊重，不要以爱的名义禁锢孩子。抚养孩子是家长义不容辞的责任，所以不要总是将自己的付出放在嘴边，让孩子备感惶恐。

2. 尊重孩子的选择

每个孩子都有自己的个性，每个人的兴趣爱好都不一样，对于孩子来说，最适合他的才是最有前途的。因此，家长要多考虑孩子的喜好，不能单凭自己的意愿来决定孩子的未来，毕竟未来是一条漫长的路，没人能够预知。

崇光是班级里的体育委员，他人高马大，体育也很好，但是在报选特长班的时候，他并没有选择体育特长班，而是他最喜欢的奥数班。对于孩子的选择，崇光的父母表示支持，他们也给了孩子一些相关的建议。崇光知道父母为他付出了很多，也感谢他们的支持。他知道父母所做的一切都是为他好，所以对于爸妈的建议崇光也能听进去。

孩子很聪明，你付出了多少不说并不代表孩子不知道，所以不用时时提醒孩子你为他做了什么，这种像是交易筹码一样的东西只能成为孩子与你之间的隔阂。尊重孩子的选择，才能让孩子走向最光明的未来。

3. 爱和物质不要掺在一起

有时家长为了表现自己对孩子的付出，可能会用物质来衡量，比如，"你上学这些年我花了多少多少钱""我每个月才挣多少钱，给你花多少多少"，等等，这样的话是不应该出现在父母和孩子之间的。

家长和孩子之间的关系单纯而又温暖，不该掺杂物质，如果以此来衡量对孩子的付出，那么无私的母爱和父爱就变味了，会让孩子感觉你的付出并不是不求回报的。多关心关心孩子在想什么，而不是看他表面需要什么，才是对孩子真正的关心。

脾气随意发，整天像只火药桶

父母都渴望自己的孩子能够出类拔萃，成为"人上人"。于是，每当发现孩子因为胆小、不自信，而失去锻炼、展示自己才能的机会时，父母往往有一种"恨铁不成钢"的感觉，因此一味地批评孩子窝囊、没出息，希望孩子能够勇敢一点、自信一点。

父母的心情可以理解，但是挖苦讽刺乃至打骂，真的可以唤醒孩子的勇气吗？也许正是因为你的坏脾气，反而导致孩子在胆怯的道路上越走越远……

老郑参加完家长会，怒气冲冲地坐在沙发上，死死地盯着孩子。片刻之后，他咆哮道："你给我抬起头！"

见此，妈妈也很紧张，赶紧挡在孩子前面："你干什么？老师跟你说什么了，你就对孩子这么凶？"

老郑气急败坏地点上烟，吼道："我就没见过这么窝囊的男孩！老师让他当干部，可他说什么也不干。真是丢人！"原来，这个学期重新选班干部时，老师想让小郑竞选体育委员。可是，小郑自己却不积极。老师问他为什么，小郑说觉得自己的能力不够，又没有当过干部，怕同学没人听他的。

老郑讲完这些后，心中的愤怒仿佛更加炽烈了，指着孩子继续骂："老师都说你行，你自己怎么就这么没出息，怎么这么胆小？我算看出来了，你也就这么点出息了！"

整个晚上，孩子都是流着泪度过的。从此以后，他的胆子更加小了，几乎什么都不敢干，因为他害怕爸爸的大嗓门，害怕爸爸举起的拳头……

其实，刚刚接触世界的孩子，都有一种展现自己能力的愿望，希望有机会得到老师、同学的认可。但机会来到时，孩子却因为种种原因胆怯了、退缩了。这时，孩子自己的心里也很难过、很矛盾，甚至很痛恨自己。父母的训斥和批评会加重孩子的心理负担，使孩子的心情更加沉重。父母越骂，孩子越怕；父母越打，孩子越怯……就这样，父母的训斥与孩子的胆怯成了无休止的恶性循环……

坏脾气的父母，从来没有意识到：孩子本来就缺乏自信，在"恨铁不成钢"的心理驱使下，给孩子定位为窝囊、没出息、丢人等，只会使孩子更加怀疑自己、更加没有自信，并从此背上一个思想包袱："连爸爸妈妈都这样说我，看来我真的是不行，真的没有本事。"这样的孩子自然不敢面对挑战。

对于心智尚未成熟的孩子，父母还是应当改正坏脾气，多用平和的态度，以此激励孩子的勇气。

1. 多给孩子动手的机会

孩子之所以没有勇气，很大程度上是因为父母不给孩子动手的机会。孩子刚想做什么，父母立刻说出打击的话，或者马上阻止，这样，孩子自然不敢迎接挑战。父母应当改变这种教育方式，多给孩子动手的机会，哪怕失败也无妨。

华子正处在对周围一切都好奇的年龄。有一天，他看见爸爸准备给自行车打气，他还从来没有用过打气筒，一直以来都是妈妈代劳的，这次他想要尝试一下。华子的爸爸看见儿子兴致勃勃，就给了他这个机会。没想到华子正打得起劲，一不留神，车胎就给打爆了。看着儿子躲在一旁，爸爸没有像妈妈那样批评儿子，而是笑着拍了拍华子的头，对他说："没关系，下次你一定能做好。走，咱们去给自行车换胎。"华子看着爸爸笑了。

孩子在犯错误的时候，基本上第一时间都会意识到自己的错误，这个时候如果家长还像"火山"一样对孩子发火，只能引起孩子的反叛心理，或者让孩子越来越怯懦。所以，不要在孩子犯错的时候就马上发火，鼓励孩子多尝试才是良方，孩子才能逐渐成长起来，才能越来越勇敢。

2. 做平和的父母

家长和孩子的交流应该是平等的，如果家长时刻都像个火药桶一样，那么孩子永远都没有勇气和家长说出自己的真实想法。孩子在面临挑战的时候，通常都会有一些怯懦，家长不能因为这样就说孩子没出息，批评孩子。这样只能让孩子越来越胆怯，还会加深对父母的恐惧。

如果家长温和一些，孩子才能感到安心。家长循循善诱才能让孩子说出自己真实的想法，引导孩子走向成功之路。

不正当竞争，是孩子成长的阻碍

当代社会，个人能力很重要，但这不代表合作就不存在。随着社会分工越来越细，合作就变得越来越重要。没有人能脱离集体完成什么伟大的事业，所以家长应该要让孩子懂得合作，培养孩子的合作意识。

很多家长或许会说，当代社会必须要懂得防着别人，毕竟竞争那么激烈。这话没错，但是竞争也要光明正大，这样以后在社会上才能立住脚，如果进行不正当竞争的话，或许能得到一时的成功，但是成功将无法维持下去。

在培养孩子竞争意识与合作意识的时候，家长应该重视自身的作用，不能说一套做一套，如果家长进行不正当的竞争，那么孩子很有可能有样学样，成为一个不够正直的人。孩子还小，家长不应该将社会上过于复杂的一切传授给孩子，当下最重要的是培养孩子正确的观念、意识。

小明原来是一个开朗的男孩，身边总是有很多朋友，但是现在的小明就像是变了一个人，时时刻刻观察着同学的动向，每当觉得有人要超越自己的时候他就开始想办法了。小明很聪明，但是他的聪明总是用错了地方。

他第一次使手段，是他四年级的时候。当时的他是校篮球队的主力，当时五年级的队长面临小升初要退出校队了，这样队长的位置就空了下来。在小明进校队的第一天他就以当队长为目标而努力，现在眼看着梦想要实现，小明别提有多高兴了。但是小明还有一个竞争者，就是队里的刘洪。两个人实力相当，小明不知道应该怎么办，除了努力打球之外，他想不出其他的办法来。

有一天，他闷闷不乐地回到家，正好看到妈妈做饭，那天他们吃了小明最喜欢的油焖大虾，原来是爸爸升职了。小明有点奇怪，因为这个位置应该是宋叔叔的才对，他的爸爸怎么突然升职了呢？在小明奇怪的时候，爸爸得意地跟妈妈说："小宋还以为我是朋友呢，连我换了他的方案他都不知道。他挨批了一顿，现在只能自己喝闷酒了。"

小明不理解，就问爸爸："既然是朋友，为什么要这样呢？如果你讨厌宋叔叔，为什么还要和他那么好呢？""傻儿子，那是表面上的，要是不把他当朋友，他怎么能信任我，把他的方案告诉我呢？朋友什么的以后还会有，机会可不常在啊!"

听了爸爸的话,小明豁然开朗,原来还有这种办法呀!于是第二天在练习的时候,他不经意将刘洪绊倒了,刘洪受了伤,没能在校际比赛时出赛,小明得到了队长的位置。不过没人认为小明会故意这样做,就连刘洪都相信小明不是有意的,这让小明觉得收获不小。从那以后,他一发不可收拾,什么事都要背地里用手段。渐渐地,同学们发现了他的真面目,不再和他来往了。

小明通过不正当竞争,获得了第一次成功,但结局似乎不是他想要的。为什么会有这样的结果,不难理解,因为没有人愿意和这样的一个人来往。竞争确实残酷,孩子很小的时候就要面临竞争,但这是一个实力相较的平台,家长应该让孩子懂得实力是竞争的有利条件。

家长的影响力是非常重大的,如果家长自身就运用不正当手段的话,那么很难将孩子教育成一个正直的人,所以家长要首先端正自己的态度。除此之外,家长还要多方教育,让孩子学会正当竞争合作。

1. 家长不要误导孩子

"如果同学问你问题,你不要告诉他,这样他不会,你就会。"这样的话,家长一定不能说,而是应该要告诉孩子人要互帮互助,他有不会的问题,你也会有,只有大家互帮互助,才能共同进步。

2. 引导孩子看淡得失

如果孩子把得失看得太重,也很容易走入歧途,运用不正当手段。家长应该引导孩子看淡得失,与其注重结果,不如看重过程。努力是自己的,即便最后输给了别人,努力也没有白费,一定会有相应的收获。

美乐这天回家气冲冲的,跟妈妈抱怨:"嘉华这次考试得了第一名,把我的位置给抢了。最后那道大题还是昨天我给他讲的呢，要是不告诉他，我就是第一名了！以后我绝对不再给他讲题了！"妈妈听后对美乐说："这道题你熟悉吗？"美乐摇了摇头说："我也有点迷糊，不过昨天给他讲的时候我也明白了。"妈妈笑了："这就对了呀，你帮他的同时也巩固了自己的知识，你应该找到自己失误的原因，而不是光看他为什么得了第一呀！"美乐听完低下了头。

显然，美乐的妈妈是对的，如果孩子只看重他人的成功，那么就会忽略自省，只会把责任推卸到别人的身上。父母要多引导孩子从自己身上找原因，转移孩子的注意力，让他不要只着眼于结果成败。这样，孩子慢慢就会看淡得失，将全部的精力就投入到奋斗当中。

3. 忌妒心要不得

忌妒心就是魔鬼，会让孩子误入歧途。想要引导孩子不要忌妒，首先家长要杜绝自己的忌妒心，否则没有任何说服力。

家长要让孩子明白，强中自有强中手，自己通过努力也会成为强者，只靠忌妒是无法前进的，只能画地为牢。将这样的观念灌输给孩子，慢慢地，孩子也会摒弃忌妒心，和人正当竞争。

4. 分工合作，引导孩子走出不正当竞争

孩子之所以想要耍手段，并不是因为孩子不够单纯，正相反，是因为他太过单纯，只看得见眼前的利益。家长应该多给孩子一些分工合作的机会，让孩子体会到分工合作的美好。懂得合作，孩子自然不会想到不正当竞争了。

自私自利，就怕自己多吃半点亏

现在的孩子大都是独生子女，在家里，没有兄姐伴他玩耍，没有弟妹要他照顾，好吃的食物，爸爸妈妈让着他，图书、玩具，也是他个人所有。在这种环境下，如果爸爸妈妈不想办法补救，加以引导，只能使孩子独占的意识膨胀，自我中心意识加强。加上当今儿童普遍缺乏集体生活的体验，不会处理自己和他人的关系，因而往往就会表现出自私的一面。

没有一个孩子是生来就自私的。每个孩子都是一张白纸，而父母便是涂抹这张白纸的画笔。做好孩子的生活榜样，对每一个父母来说，都非常重要。所以，孩子自私多半源于父母自私。

当然，家长对孩子的爱是无私的，但是孩子所观察的不仅仅是父母对自己的态度，还包括父母对周围人的态度。如果家长对孩子非常无私，但是对待他人则自私自利，一点亏都吃不了，那么孩子的认知就会出现偏差，认为自私没有错。有了这样的认知，孩子就会慢慢成为一个自私自利的人。

珂珂是一个挺可爱的女孩子，但是最近珂珂的爸爸发现女儿身边的朋友少了，经过一段时间的观察，他发现了原因。原来，珂珂太小气了，什么都不和大家分享。每当和朋友们在一起玩的时候，大家都带来很多好吃的，珂珂的爸爸妈妈给她买了很多好吃的，但是她只带了一袋糖去，还只给其他的朋友一人一块，剩下的都留给了自己。

不仅如此，大家各自带着心爱的玩具到一起玩，但是珂珂只带了一个很旧的毛绒玩具。发现女儿的这些行为，珂珂的爸爸问珂珂："既然大家都约好了带上最心爱的玩具和最喜欢的零食，为什么你只带这些呢？"

"爸爸你不知道，我带这些东西没有人玩，但是我已经加入其中了，我就可以玩他们的玩具了。要是带着我最新的玩具去找他们玩，被他们玩脏了怎么办？好吃的我也留起来自己吃，去和他们玩我还能吃到好吃的！"

珂珂的爸爸对于孩子的回答感到非常吃惊，他继续问女儿："你是怎么想到这些的呢？"

珂珂左右看了看，神秘兮兮地对爸爸说："告诉你别告诉别人啊，我这是从妈妈那儿学来的！周五晚上妈妈和同事们举行家庭聚会，每家都拿一道拿手菜，妈妈做了清炒土豆丝去了，到那里有很多好吃的，还有大螃蟹哪！妈妈是不是很聪明啊？"

看到孩子幸灾乐祸的样子，珂珂的爸爸意识到了孩子的认知出现了偏差，于是他决定暑假要带着珂珂进行一次特别的旅行。

暑假的时候爸爸买了很多衣服和书，带着珂珂去了希望小学，珂珂不明白爸爸为什么要白白送东西给别人，这样她就少穿了很多漂亮衣服。但是到那里之后珂珂震撼了，山区里的小朋友没有新衣服穿，衣服都漏洞了还在穿。看着女儿若有所思的样子，爸爸对珂珂说："珂珂，做人不能这么自私，只有分享才是最快乐的，你看他们收到新衣服时很快乐，你开心吗？"

珂珂想到山区小朋友纯真的笑容，点了点头。爸爸笑着摸了摸女儿的头，他相信，从现在开始，珂珂会向好的方向转变。

珂珂的妈妈习惯了贪小便宜，单纯的珂珂从妈妈那里取来了"真经"，因为对父母的依赖，让珂珂相信爸爸妈妈做的都是对的，所以即使珂珂的妈妈做错了，珂珂也只能跟着错下去。不过好在后来珂珂认识到了分享的好处。

有个名人说过："将痛苦与人分享，你的痛苦会减半；如果与人分享快乐，你就会得到双倍的快乐。"这正是"赠人玫瑰，手有余香"的精妙之处。如果想要培养一个大方、懂分享的孩子，那么家长首先就要懂得分享，不要怕吃亏，这样才能给孩子树立一个良好的榜样。

1. 培养孩子正确的人生观和价值观

人生观和价值观影响着人们的一生，非常重要。而孩子在升入 3 年级之后，人生观和价值观开始逐渐形成，所以家长要利用这个机会，不能在这个时候表现出性格中的缺陷，否则很容易对孩子产生不良影响。

比如，家长对周围的人要大方一些，不要总是想着占便宜，这样孩子就会明白要得到就要付出，而不是钻空子。

2. 多关心周围的人

孩子会将家长的行为定做自己的行为准则，所以家长的一言一行都深深地影响着孩子。如果家长对周围的人冷漠，自私自利，那么孩子也会逐渐变成这样；反之，如果家长乐于助人，多关心周围的人，那么孩子的心中也就充满了阳光。

墨墨家邻居的阿婆独居已久，墨墨时常会帮阿婆跑腿买东西，家里做了好吃的，她也会拿一些给阿婆。墨墨之所以会这样做，完全是效仿了她的妈妈。墨墨的妈妈平时就很关心邻里，所以很受周围人的欢迎。跟着妈妈时间久了，墨墨就养成了乐于助人的好习惯。

没有人能够离开团体生存，要想顺利融入集体当中，就要多关心周围的人，多付出一些爱心，那么就会收获到更多的快乐。多带着孩子一起帮助周围的人，当孩子感受到温暖之后慢慢就能自主地去帮助他人了。

3. 告诉孩子吃亏是福

其实有时孩子或许并不知道吃亏的标准是什么，这个标准孩子也是从父母那里"挪"过来的。如果家长很小气，那么孩子就会很小气，因为家长把吃亏的标准定得很低。同理，如果家长觉得吃亏是福的话，那么孩子就会变得大方起来，不会自私自利。

举例来说，买菜的时候不要斤斤计较，路上遇到人踩了自己一脚也得饶人处且饶人，如果家长抓住这点小事不放，那么孩子也会将这些看作是不能饶恕的罪过。

让孩子拥有一颗宽广的胸怀吧，唯有如此，他的未来才能一马平川。

下篇 | 境教的要点与方法

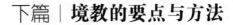

"环境塑造人"是父母们颇为认同的观点，

对孩子的成长发育来讲，环境的作用就更不容小觑。

瑞典教育家爱伦·凯指出：环境对一个人的成长起着非常重要的作用，

良好的环境是孩子形成正确思想和优秀人格的基础。

因此，父母们一定要重视"境教"这一对孩子影响最为深刻的要素。

第五章
家庭环境给孩子的正负能量

良好的家庭环境是孩子形成正确思想和优秀人格的基础，恶劣的家庭环境则会给孩子带来消极的、负面的影响。可以说，家庭生活给人身心发展所打上的烙印，终生难以磨灭，在人一生的成长发展过程中起着重要作用。所以，为了孩子的健康成长，我们要认真而科学地对待家庭环境中所蕴含的正负能量。

为孩子创设一个良好的家庭环境

在孩子进入学校之前，最常接触的环境就是家庭，所以孩子性格的形成和家庭环境密不可分。如果家长之间充满了矛盾，经常打架、互相嘲笑、指责、谩骂，那么在这样的环境中成长的孩子也会有这样的性格，他会习惯性地嘲笑他人、指责他人。

如果说家长是孩子的第一任老师，那么家庭环境就是孩子的第一个课堂。孟母三迁的故事大家都不陌生，孟母为了培养孟子，连着搬了三次家，最终才找到一个良好的环境，可见环境对一个人影响至深。

在西方流传着这样一个说法：环境比遗传更重要，所以家长应该要为孩子营造一个良好的家庭环境，以此保证孩子健康成长。

燕燕最近获得了一个绘画比赛的冠军。说起燕燕得这个奖项，很多人都觉得是正常的，因为燕燕出生在一个文化底蕴浓厚的家庭当中。

燕燕的爷爷是当地书法协会的会长，她的爸爸经营着一家公司，虽然是一个商人，但看起来非常儒雅。燕燕的妈妈在结婚前是一个舞蹈家，在结婚之后，她就渐渐淡出了舞蹈的圈子，在家做起了全职太太。燕燕的妈妈多才多艺，除了舞蹈，还会演奏钢琴和小提琴。在众人看来，燕燕得奖似乎是再正常不过的事情了。

但是，如果有人看了燕燕的画作，就会大为吃惊，这个喜欢抽象派艺术的女孩子，虽然年龄不大，但心里似乎有很多无法言喻的苦闷，因为她的作品当中灰色、黑色等占了很大的部分，有的人物形象还非常狰狞。没有人明白，为什么这样一个青春年少的孩子笔下的风景会是这样，但是了解燕燕家庭情况的人，似乎一点都不吃惊。

虽然燕燕家条件不错，但是家庭当中的矛盾也不少。燕燕的爷爷平时非常严肃，在教育燕燕的时候更是一丝不苟。她的爸爸经常不在家，在外人看来儒雅的爸爸回到家就像变了个样子，暴躁又冷漠。燕燕的妈妈虽然是全职太太，但是燕燕大部分时间都是保姆在带。妈妈和爸爸之间总是很冰冷。

随着年龄的增长，燕燕渐渐明白了，原来她的父母在年轻的时候是双方家长同意结婚的，实际上两个人的性格格格不入，因此结婚这么多年，两个人之间也总是冷冰冰的，父母之间时常还有"战争"爆发。

虽然外人很羡慕燕燕，但是实际情况只有燕燕自己明白。她不懂，为什么别人的父母在周末都可以带着孩子出去玩，而自己只能和保姆待在大房子里。

再漂亮的衣服，再高的荣誉，也不能弥补燕燕心中的黑洞。因此，燕燕喜欢上了绘画，她也是通过这样的方式发泄着自己的不满。

环境对孩子的影响是从点滴之中渗透给他们的，环境的影响会表现在孩子的性格和行为当中。显然，燕燕家并不像众人眼中那样和美，她家只是物质条件比较优越而已。实际上燕燕的心中是很孤独的，也正是这个原因，才使得燕燕的作品中充满了灰黑色调。

正是大好的年华，没有家长希望自己孩子的青春在灰色地带度过，那么具体来说，怎样的家庭环境才是良好的呢？

1. 给孩子一个平等的家庭环境

良好的家庭环境离不开民主、平等、互爱、和睦的氛围。生活在这样氛围下的孩子，不仅会让父母与孩子之间能够相互信任、相互理解、相互尊重，与别人相处时，也会遵循民主、平等、互爱、和睦的原则，从而具有很好的交际能力。

但是很多家庭的父母都将孩子看作自己的私有财产，以一种占有的心态来对待孩子。只有听自己话的孩子才是好孩子，而不会考虑孩子的自身需要，孩子永远是被父母管制的对象。对于家庭的事情孩子没有参与权，也没有发言权，甚至对与自己的事情也没有决定权，只有听从父母话的权利，根本就没有民主平等可言。

在这样的环境当中，孩子会感到压抑。如果父母暴躁、易怒，那么孩子也会慢慢养成这种性格。因此，家长要将孩子当作家庭成员中的一个，而家庭成员之间是平等的，不应该用家长的权威压制孩子。只有轻松自由的环境才能让孩子健康成长。

2. 给孩子一个良好的文化环境

文化环境很重要，如果家长每天看球赛，那么孩子就很容易对足球产生浓厚

的兴趣；如果家长有一些不良嗜好，比如抽烟喝酒，那么孩子也很有可能模仿。

宋佳最不喜欢回家了，因为每次回家她都没有办法安心地学习，家中总是充斥着烟酒味、互相谩骂的声音，以及搓麻将的声音。宋佳的爸爸常年在外经商，只有妈妈一个人在家，所以妈妈经常召集朋友到家里打麻将，弄得乌烟瘴气，使得宋佳都没有办法学习，甚至晚上睡觉还会听到一阵阵洗麻将牌的声音。

文化氛围对孩子的素养很重要，如果家长每天都看肥皂剧，那么算不上良好的文化氛围。为了孩子的成长，家长不如放弃电视中那些吵吵闹闹，多看一些书籍。安静的环境更有利于孩子学习，而且孩子也会受影响，渐渐喜欢上阅读。

3. 给孩子一个整洁的房间

杂乱的房间容易让人产生烦躁的感觉，而整洁的房间则能让人感觉神清气爽。家长不要将房间装饰得太过奢华，或是太过个性，如果房间是这样的，那么就给孩子一方整洁的学习空间。孩子的书房不要放过多的装饰物，简洁大方就好；壁纸也尽量不用浓重的颜色，只有这样的环境才是最有利于孩子学习的。

4. 家庭成员之间要互相尊重

夫妻俩难免有吵架拌嘴的时候，对于孩子来说，父母吵架是他最难过的事情，因为都是他身边最亲近的人。如果父母吵架了，那么被夹在其中的孩子会非常难受。所以有什么问题要及时解决，不要动不动就吵架，彼此之间也最好不要互相指责、谩骂。家庭成员之间和睦相处，才能给孩子营造出一个温馨的家庭氛围来。

让孩子养成讲究卫生的好习惯

习惯对一个人的一生有很大的影响，习惯也并非一朝一夕之功，需要长时间的培养。而孩子成长的过程当中可塑性很强，正是培养习惯的好时候，所以很多习惯都是孩子成长时期养成的，这些习惯也会影响他的一生。

在众多的习惯当中，良好的卫生习惯是最基本的，也是至关重要的。如果孩子没有良好的卫生习惯，会直接影响他的形象，也不利于孩子的身体健康。试想一下，如果孩子邋遢，那么会有人愿意和他做朋友吗？

说好听一点，成松是一个不拘小节的男孩，说难听一些，成松就是一个邋遢的孩子。在班级里没有人愿意和他一起玩，也没有人愿意和他做同桌，因为成松实在太不爱干净了。

举例来说吧，别人的桌子上都干干净净的，只摆着下节课要用的书本，而成松的桌子上书本堆成了小山，每次找课本都得重新翻一遍。别人的课桌里面都整理得非常整齐，而成松的课桌里一团乱，经常拿点东西就会爆发"泥石流"，一堆书本用具"哗啦啦"地掉下来。也因为这样，课堂上的他总是引起别的同学侧目。

但即便是这样，成松也不收拾课桌。另外，他每天早上都穿得干干净净地来上学，但是过不了两节课，身上的衣服就脏了，有果汁的污渍，还有地上的尘土。因为成松从来不用手绢或纸巾擦嘴，喝完饮料、牛奶之后总是用袖子擦

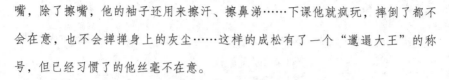

嘴，除了擦嘴，他的袖子还用来擦汗、擦鼻涕……下课他就疯玩，摔倒了都不会在意，也不会掸掸身上的灰尘……这样的成松有了一个"邋遢大王"的称号，但已经习惯了的他丝毫不在意。

看到成松这样，大家都想象他家是什么样子，会不会更脏、更乱。其实，成松的父母都是喜欢干净的人，只是在培养孩子的过程当中出现了问题。成松的爸爸常年出差在外，成松的妈妈非常疼孩子，从来没有让孩子做过家务，也舍不得说孩子一句。

小时候成松经常随地"摆摊"，玩具扔一地，妈妈就跟在后面收拾；成松出去把衣服穿脏了，回来妈妈二话不说就给洗干净，她觉得自己能够保证孩子每天都干净整洁，也能保持家庭的干净整洁。但是一个人的精力毕竟是有限的，成松的妈妈白天还要工作，回来就得收拾房间，还要洗脏衣服。妈妈实在忙不过来，渐渐地，家里越来越乱，每周收拾一次。

成松从来没有想过自己收拾，因为他已经习惯了妈妈管理一切。衣服脏了也没有关系，吃饭前就算不洗手妈妈也不会说他。他已经习惯了这种生活方式，反正房间又脏又乱，就随便扔吧。在这样的环境当中生活久了，他没有觉得有什么不对，但到了学校就成为了众人眼中的"邋遢大王"。

当成松爸爸工作调职回来后，才发现自己的儿子已经变得不像样子了，在家也随地扔垃圾，他说儿子，儿子不但不知错，反而顶嘴："我以前就这样，妈妈从来不说我。再说了，房间这么乱，扔点垃圾也没什么。这是我的习惯，你不要管我。"

看到成松的故事，相信很多家长都觉得不可思议，一个良好家庭出身的孩子怎么会是这样一副样子呢？看了故事我们也知道了，不是他的父母不管他、不关心他，而是成松没有一个良好的卫生习惯。当然，没有养成良好的卫生习惯，他的父母也难辞其咎。

家庭环境非常重要，如果家庭环境不够整洁干净，那么孩子很难懂得保护环境，只能让家里越来越乱，就像成松说的"反正这么乱了"。另外，家长也是家庭环境当中的一部分，因为他的妈妈溺爱孩子，使得成松自由得没了限度，自然不懂约束自己，更别提养成良好的卫生习惯了。

很多家长都认为，小孩子都邋遢，这也没错，但关键在于家长如果对待。不要认为孩子长大就会改变，如果不培养他良好的卫生习惯，那么孩子一辈子也不会有所改变。反之，培养孩子良好的卫生习惯，就能让他成为一个干净整洁的人。

1. 从小给孩子灌输讲卫生的理念

孩子的接受能力很强，家长教他什么，他就学什么。家长应该从小就告诉孩子最基本的卫生习惯，比如饭前饭后要洗手，上完厕所也要洗手，擦嘴要用手帕或是纸巾，不能用袖子，每天早晚都要洗脸、刷牙，袜子每天洗，等等。

适当让孩子自己做一些力所能及的劳动，也能养成孩子讲卫生的好习惯，毕竟身体力行比说教要有用得多。

另外，家长要让孩子认识到邋遢可耻，人人都喜欢和爱干净的人交朋友；而且也要经常告诉孩子不讲卫生的坏处，比如会患疾病，洗手是为了消灭细菌，等等。这样潜移默化地，孩子就会懂得讲卫生，也会养成讲卫生的好习惯。

2. 家长要注意仪表

仪表是一个人整体形象的一部分，也是给人的第一印象，如果家长平时不拘小节，穿戴随意，那么孩子很难懂得穿着整洁。只有家长首先起到表率作用，才能让孩子明白整洁的重要性，孩子才能注意自己的仪表。

陈辉是同学眼中的"小绅士"，他总是穿着干净的白衬衫，外面穿上校服，头发也很干净，而且总梳得一丝不苟。大家看过陈辉的父母后就一点都不吃惊了，因为他父母都穿戴整洁，而且非常得体，所以在陈辉的意识里，人们就应该是这样的，时间久了自然就注重个人形象了，良好的卫生习惯自然也就养成了。

家长要注重自己的外在形象，也要让孩子懂得，良好的卫生习惯是多么重要。穿着不一定要华丽，但要干净，这是对别人最起码的尊重，也是对自己的尊重。

3. 家长当督导

孩子自制力比较差，在习惯没有养成的阶段，他们很难坚持下去，所以家长要起到监督的作用，督促孩子每天按时洗脸、刷牙、洗脚。孩子做完这些之后，家长最好还要检查一遍，以防孩子应付了事，如果不合格不妨让他重新洗一次。这样，时间久了，家长不用督促，孩子也能独立自主地完成。

和孩子平等对话，把他当作朋友

想要真正地走进孩子的内心，就要和孩子平起平坐、当朋友，这样孩子才会对家长敞开心扉。家庭是一个不错的根据地，在这里，孩子能够得到最大限度的放松，这个时候也比较容易打开心扉，当然，前提是面对的是朋友而不是长辈。

家庭成员之间应该是真正的平等的关系，每个人之间不因年龄的大小、不因地位的高低，而权利有所不同。对于一个人，即使是孩子，也应以平等的态度与之友好相处。在家庭中，每个人都有发表意见的权利。

不过说起来容易做起来难，很少有父母能够真正地和孩子成为朋友。

周末的一天，陈刚在整理女儿陈聪的小书桌时，无意发现了她的作文本。作为杂志编辑的陈刚很想"见识"一下女儿的文字水平，于是打开来翻阅。

作文本的第一页，竟然是一篇题为《我的爸爸》的作文。陈刚的心头忽地一热，想看看10岁的女儿如何描绘他这个"爸爸"的。

作文的开头，写得简洁流畅："我的爸爸是个文字工作者，高高的个头儿，白胖的脸上戴着一副眼镜，对人总是笑眯眯的。他会弹钢琴，弹得可好了，还曾经获过奖呢。平时他的工作就是写剧本，为此，同学们都羡慕我有一个多才多艺的作家爸爸。"

看到这里，陈刚的心里甜滋滋的，暗暗夸奖女儿懂事。可是，第二段情况就变了，开头一句写的是："爸爸是个好爸爸，可是，他从不把我当朋友，爱在我面前摆架子，耍威风，一点也不尊重我……"

陈刚万万没想到，才上五年级的女儿，竟对自己提了这么多意见。开始，他有些气恼，认为是自己把女儿娇惯得无法无天了。在同一个家庭里生活讲什么礼貌和尊重？真是不懂父母心！可是，细细一想，难道自己的女儿就可以不尊重？而且女儿是单纯的，她渴望公平、渴望鼓励与爱心是没有错的。

从此以后，陈刚和妻子开始改变对女儿"马马虎虎"的行为方式了，并悄悄地在家庭里实行公平性原则。譬如，陈聪带同学回家聚会时，他们给她的同学削苹果，也给她削上一个；他们在表扬别的孩子时，也实事求是地对陈聪的优点加以赞扬；每当家中有什么重要事情需要作出决定时，他们都征求一下陈聪的意见。正是由于他们诚心待陈聪为"朋友"，使陈聪增强了自尊自爱、自立自强的意识，在学习和生活中也大大增强了自信心。

从事例中不难看出，家长和孩子之间的沟通有多么重要。陈刚是很疼爱自己的女儿的，但是深沉的父爱未必能够被孩子理解，所以家长应该多和孩子交流，而交流的方式自然就是和孩子交朋友。

和孩子交朋友难道真的很难吗？其实不然，只要家长做到了以下几点，就能和孩子保持友好的朋友关系了。

1. 不要一味地要求孩子理解自己，先要理解孩子

自古以来，父母与孩子的关系都是最亲近的，那为什么还会产生隔阂呢？究其原因，大致都是因为父母和孩子不能相互理解所造成的。在大人眼中，孩子不过是什么都不懂的毛孩子，而孩子则觉得父母任何事自作主张，不顾及自己的想法。

为此，想要改变孩子所谓的"不听话""对着干"等逆反心理和现象，父母必须先让自己摆脱传统的教育观念，不去用居高临下的姿态和呵斥的语言对待孩子，而是用平等、真诚的态度与孩子沟通。只有这样，孩子才愿意顺从父母，主动完成应该做好的事情，变"不听话"为听话，从"对着干"到愉快地合作。

2. 与你的孩子无话不谈

很多家长也许会发现，原本在学校很听话的孩子，到家却像变了一个人似的。其实道理很简单，在学校无论课上还是课下，老师都会将孩子放在与自己平等的位置，像朋友一样沟通交流，这让他很容易接受，因此也愿意听老师的话，并喜欢把真实想法告诉老师。

如果父母也能做到这一点，那么自然会赢得孩子的信任和爱戴。

3. 建立沟通渠道，随时把握孩子的心理

父母要想与孩子交朋友，首先必须要了解孩子，了解孩子心里在想什么。孩子的心理虽然不是深不可测，但很多家长常常也是琢磨不透。那么家长如何才能准确地了解孩子的心理呢？

小菲家有一个"意见箱"，这是小菲妈妈为了和她沟通专门设立的，因为有时面对面沟通并不容易，所以小菲和妈妈心照不宣地传起了纸条。每当小菲心情不好被妈妈发现的时候，妈妈就会通过意见箱询问孩子，而小菲也会通过意见箱发泄自己的不满情绪。母女俩就这样架起了沟通的桥梁。

当然，这只是众多办法当中的一个。除此之外，家长和孩子之间还可以写交换日记，这样不同于家长单方面的窥探，而是双方的交流，孩子会乐于和家长做朋友的。当然，要以双方都同意为前提，只有征求孩子的同意，计划才能顺利进行。

4. 家庭会议别少了孩子

有的孩子不愿意和家长做朋友，是因为他们觉得家长只是单方面地想要了解自己而已，大部分时候他们是被忽视的。所以，在家庭当中如果真的想和孩子成为朋友，就要真的将孩子放在平等的地位上，将他看作家庭成员的一分子。在家庭会议当中也给孩子发言权，作决定的时候也进行一次民主投票，只有孩子有了被重视的感觉，才能真正敞开心扉和你做朋友。

给孩子自由的空间，让他有属于自己的世界

每个孩子都是一个独立的个体。他们需要拥有一个相对完整的、属于自己的世界，这个隐秘的世界是他的自由王国，不希望有外人侵犯。

对此，家长们不必担心，更没必要想方设法去获知孩子的心思。我们应该做的，是给他留一点自由的空间，让他在自己的"地盘"里尽情舒展。这样，他会感受到父母对他的尊重和信任，进而更愿意和你沟通，把自己的真实想法告诉你。

一家公司的前台处摆放着一个漂亮的鱼缸。鱼缸里养着十多条产自热带的杂交鱼，这些鱼每天尽情地嬉戏。它们身长约3寸，脊背上一片红色，头非常大，长得也很漂亮。凡是进出公司的人都会为这些美丽的鱼儿驻足。

转眼，两年的时间过去了，小鱼们的身长没有什么变化，它们也依旧在小小的鱼缸里悠闲地畅游着。

周末的一天，公司有一些同事在加班，董事长也带着自己的孩子来了。孩子看到这些长相奇特的小鱼，很是好奇，于是非常兴奋地试图抓出一条来。可是由于小鱼不好抓，慌乱中鱼缸一下子被推到了地上，刹那间碎了一地。顿时，十几条热带鱼可怜巴巴地趴在地上。

这时候，正在工作着的同事们连忙把鱼一条条地捡了起来，但是鱼缸碎了，怎么安置它们呢？大家四处看了一下，发现只有院子中的喷泉可以暂时安

放它们。于是，大家把这些鱼放了进去。

两个多月后，公司里重新购置了一个新的鱼缸。这时候，大家跑到喷泉边准备捞出那些漂亮的小鱼。然而，当这些鱼被捞出来的时候，人们惊呆了。仅仅两个多月的时间，它们竟然从 3 寸长长到了近 1 尺的长度。

见此情景，人们七嘴八舌，议论纷纷。有的说喷泉里可能含有某种矿物质，是它促进了鱼的生长；有的说可能是因为喷泉的水是活水，最有利于鱼的生长；也有的说那些鱼可能是吃了什么特殊的食物。但不管怎样，都有一个共同的前提，那就是喷泉要比鱼缸大得多！

这个故事正是"鱼缸法则"的由来。有一些教育家将这个法则隐身到了家庭教育之中，并将这种由于给孩子更大空间而带来孩子快速进步的现象称为"鱼缸法则"。

然而，看看我们周围，有多少父母能遵循这一理念？更多的家长时时刻刻都用全身心的爱包裹着孩子，借着爱的名义将孩子拘泥在小小的"鱼缸"里。要知道，孩子作为自然的生命，本身具有自由的天性。如果没有独立的自由的空间，孩子的创造力就会被束缚，很多有意思的想法和创意都不会得到发展。

所以，家长在培养孩子的过程中，应给孩子可以"为所欲为"的地盘，不管是物理意义上的空间还是精神层面的空间，孩子只有在自由的天空下，才能充分发挥他的创造力，才能成长为一个独立自主的成熟的人。具体来说，家长应该给予孩子以下几方面的自由。

1. 给孩子思想上的自由

孩子应该是和父母平等的人，同样需要尊重。作为家长，一定要充分认识到这一点，所有任何涉及孩子的事情，都尊重或听取他的意见。如果孩子的意见和我们相左，也要以商量的口吻和孩子进行沟通，以示对他的尊重。

小迪和父母的关系不太好，虽然他的父母对外宣称是开明的家长，会和自己的孩子做朋友，但是在小迪看来完全不是这个样子。有时小迪和妈妈探讨问题，中间出现分歧的时候，妈妈就抛弃了朋友的身份，用家长的身份让小迪听从她的安排。现在的小迪非但没能和家长成为好朋友，反而和妈妈的关系越来越远了。

既然要给孩子自由的空间，那么就不要用家长的身份捉住孩子的翅膀。当意见有分歧的时候，可以各抒己见，谁说得有理听谁的。只有这样，孩子才能感到公平，才能真正地放飞思想。

2. 放手让孩子自己作决定

只要不是原则性的问题或危险的事情，父母们都可以放手让孩子自己作决定，而且要多提供孩子自己作决定的机会，比如穿什么衣服、玩什么游戏、讲什么故事、听什么歌曲，等等，都要多听听孩子的意见和想法。只有这样，你的孩子才能成为一个具有独立思想、遇事有主见的人。

3. 给孩子行使权利的自由

作为父母，有必要了解日常生活中孩子应有的权利和职责，他作为家庭中的一员，有发表自己意见的权利，同时也有不同意父母的意见的权利。任何一件对他们有影响的事，他们都有发言权。

4. 和孩子一起玩

没有哪个孩子不喜欢玩，这是他们的天性。既然给了孩子自由，那么就要履行诺言，不能有双项标准，看见孩子学习就不管，看见孩子玩就"撕毁条约"。家长可以参与到孩子的游戏当中，和孩子一起玩，让孩子尽情放松的同时，也加强亲子关系。

再忙碌也要留些时间给孩子

随着社会的飞速发展，很多家长都不得不加快自己的脚步，这是时代所迫。另外，很多女性也将生活的重心放到了自己的事业上，这样就容易造成一个问题，就是孩子的孤独。现在很多家庭当中都是独生子女，父母繁忙使得他们得不到足够的关爱，使得他们的心理出现了各种各样的问题。

每个周末，小倩都会感到非常寂寞，因为家里从来没有一个人陪她，她也只好自己看看电视、打打游戏。

小倩的父母前一段时间开了一家公司，所以平常的工作非常忙碌，很难在家里出现，每次回到家时，小倩早已进入了梦乡。

有一天，小倩兴高采烈地拉住妈妈说："妈妈，咱们今天一起去动物园吧，听说动物园有熊猫展览，我也想去看！其他小朋友的家人都带着他们去啦！"

小倩原本以为父母会答应她的请求，谁知道妈妈蹲下来对她说："孩子乖，爸爸妈妈今天有很多事情要做，不能陪你一起去。要不这样好吗，我去给你请个保姆，让她陪你去好吗？"

小倩听完这话，"哇"的一声哭了，躲回到自己的屋里。她躺在床上，流着眼泪说："忙忙忙，你们大人难道除了忙就没有别的事情了吗！为什么别的小朋友都可以和爸爸妈妈一起去动物园玩，而我却要在家里待着？我是不是你们的亲生女儿！爸爸妈妈，我恨你们！"

小倩为什么有这样的举动？父母其实已经有了差不多的认识——没有时间陪孩子。调查显示，当代父母望子成龙的越来越多，在孩子身上的投资也越来越大。但与此同时，父母和孩子待在一起的时间却越来越少，和孩子之间的交流也越来越少，这不能不使人深感忧虑。作为父母，即使再忙，也应该花时间多陪陪孩子。

如果孩子总是缺乏父母的陪伴，那么久而久之，心理就会出现许多问题。当孩子需要父母关心、陪伴的请求被拒绝以后，他会非常失望、烦躁、脾气多变，甚至通过摔打自己的玩具发泄内心的不满，成人之后很难与他人建立密切关系。

所以，为人父母者不要认为，只要孩子在幼儿园里乖巧就好。为了孩子身心的健康，在工作之余，务必要抽出一些时间，尽可能地多陪伴孩子，与他做一些游戏，建立良好的亲子关系。

如果真的因为工作忙，无法满足孩子的这点要求，那么，父母就应当耐心向孩子作解释，以得到孩子的理解。

但最关键的是，父母要对亲子之间的沟通有足够的认识。现在有些父母确实比较忙，但是，如果和孩子的未来相比，相信很多家长还是能够作出正确的选择的。那么家长应该怎样了解孩子内心的孤独呢？

1. 创造和孩子沟通的机会

想要孩子感受到心灵的温暖，那么父母可以尽可能地创造与孩子沟通的机会。比如，让孩子小时候养成早起晨跑的习惯，或者星期天全家一起去爬山。孩子上初中以后，可以教他打棒球、网球或桌球，也可以教他下象棋和围棋。因为每天一起运动、玩耍，家长与孩子之间，当然就会有许多共通的话题。

如果父母能够与孩子经常在一起，能给孩子提供向父母学习的机会，还会促进家庭成员的交流，增进父母和孩子的感情。

2. 安排专门时间

没有充足的时间和孩子在一起并不是父母的错。在我们的社会里，父母的职能遗憾地被低估和误解了。大多数父母都期望能致力于小家庭中的温暖、亲密的关系，却发现自己承担的种种职责已足够占去三个人的全部时间。超负荷的工作使父母难得与孩子在一起。

安排专门时间和孩子一起活动，可以很好地解决父母难得与孩子在一起的问题，可以较容易而又行之有效地密切父母与子女之间的关系。对于那些沮丧的、经常责备自己不够称职的父母们也是一剂良药。

当父母使用专门的时间致力于改善与子女的关系时，内心深处对于爱和亲密关系的需求也会得到一定的满足，而且还会充分体验到身为父母的自豪感。安排专门的时间和孩子在一起是以一种活泼的形式倾听孩子，而孩子则可以通过游戏向父母讲述自己的生活和感受。

从一开始，父母就要把全部注意力放在孩子身上，这不是漫不经心地玩耍，也不是随意地交流。你要注意孩子的所有表现，包括讲话、表情、语调、姿势、动作，等等。要运用你全部的感官去捕捉信息，权当你自己完全不了解孩子。

3. 与孩子一起共进晚餐

与孩子在一起，最有效的方法就是与他一起共进晚餐，因为吃饭的时候，往往是家人可以进行有趣谈话的唯一时刻。即使最忙碌的家庭，每个星期也至少可以安排一两个晚上大家一起轻松地用餐。

父母不要对这件事情不放在心上，要明白，晚餐是一家人建立感情的时间，一家人坐在一起享用食物可不是件随随便便的事。一起用餐可以增进彼此的沟通、鼓励、讨论、分享，也可以增进彼此的爱。

宋凯的父母都是生意人，平时非常忙，但是他家有一个传统，就是不管多忙，也要回家吃晚餐。餐桌上是他们全家人交流的重要基地。在吃晚饭的时候，宋凯的父母放松身心，了解孩子的情况；而宋凯也和父母讲学校的趣事，一家人其乐融融。

一家人一起享用晚餐，是父母了解孩子生活的一个好方法，还是让家庭融洽的方法。时不时地鼓励孩子请个朋友来吃饭，让每个孩子轮流选邀客人，这样可以帮助父母认识子女的朋友，也使子女感到自己在家里受尊重。

圈子太小，会让孩子过于自负

自负是怎样形成的呢？自信过了头就容易自负。而自负的孩子对于挫折的承受力较差，一旦遇到挫折，他就会脆弱地不敢面对现实，心理状态迅速崩溃。并且，自负的孩子永远只能在意气用事中，高估了自己的真实实力。

刘阳原本是个自信开朗的孩子，可是自从一次测验后，爸爸妈妈觉得儿子身上出现了问题。原来，爸爸妈妈询问他考得如何，刘阳回答"挺好的"。可是，开家长会后，刘阳的爸爸妈妈才发现，儿子最近的成绩比较靠后，根本不像他说的"挺好的"。

刘阳的妈妈很生气，于是找到了儿子，厉声问道："考出这样的成绩，你还认为挺好的吗？原来你一直欺骗我们，真不像话！"

面对妈妈的指责，刘阳鼓着腮帮子说："我的成绩就是挺好的啊，在我们经常一起玩的朋友里我的成绩可是第一呢！我朋友的爸妈都夸我，就你们说我。再说了，我又不是撒谎，我这么聪明，他们根本就不是对手，超越不了我！"

听完儿子的这番话，刘阳的妈妈气得无话可说了，无奈地摇了摇头。

我们能感受到，刘阳对自己的那股子自信劲儿。可是，谁都明白，他的自信其实就是自负。如果照此发展下去，刘阳的"自信"很可能会降低他努力的劲头，带来学习的停滞不前。

所以，所有的父母都要看清，自己的孩子究竟是自信还是自负。对于正在成长中的孩子来说，他们的情绪和性格特征还不稳定，常常会混合着出现自负、自信、自卑等多种情绪。是自信，我们当然积极鼓励，但对于自负，我们也一定要积极扭转。倘若不加以引导，由着孩子的性子来，那么就有可能造成孩子走一辈子的弯路。青春期时，他很难与同学们和睦相处，人人都会主动疏远他，让他感受不到成长的快乐；到了成年，他会更加眼高手低，禁不起挫折与打击，一旦人生出现拐点，就会心态失衡一蹶不振，从骄傲走向悲观、自卑和自暴自弃，否定自己的一切，抱怨现实的不公，抱怨社会的黑暗。

所以，在孩子自信心培养的问题上，父母一定要注意把握好"度"，过强或过弱都会造成孩子的心理偏差。下面，我们就来看一下如何才能把握好这个"度"，以让自己的孩子能够"正确地自信"。

1. 表扬和批评一个都不能少

自信是一种自我意识，是对自己所具备能力的真实水平的正确估计。由于孩子心智尚未成熟，他们的自信心还需要父母及师长的引导和培养。如果孩子经常得到高于自己实际水平的虚夸表扬，将会很容易导致自负；相反，如果孩子经常得到贬低和否认，则会形成自卑。

所以，父母如果经常因为担心孩子不高兴而一味宠着孩子，或者担心孩子骄傲自满而一味打击孩子，这都是有些极端的教育方式，都会对孩子自信心的培养产生负面作用。正确的做法应该是，孩子做对了就表扬，做错了就批评，并且引导孩子如何改正错误。只有两者相结合，才能帮助孩子准确地进行自我定位。

2. 当孩子自负的时候帮着"降降温"，反之则"升升温"

孩子的情绪就像六月的天，来点乌云就下雨，给点阳光就灿烂。比如说，有时孩子在学校犯了一个错误，遭到老师的严厉批评或者同学的冷落，他的情绪会一落千丈，然后产生泛化的自我否定，认为自己从此以后"完蛋"了。有时孩子受到他人的吹捧，会产生飘飘然的感觉，认为谁都不如自己，并且不愿意踏踏实实地做事或学习。

这两种情绪，父母都应当帮助其进行调整。如果是前者，那么父母就要积极鼓励孩子，为他"升温"，帮助孩子走出自卑；如果是后者，家长要及时指出孩子的问题，为他"降温"，帮助孩子走出自负。

3. 让孩子感受"天外有天"

孩子之所以自负，是因为在小环境内，他暂时找不到对手。因此，父母可以带着孩子感受外面的世界，让他接触到比自己更优秀、更具专长的人，认识到"强中自有强中手"。

阿达夺得了短跑冠军，不停地炫耀着自己的成绩。为了教育自己的孩子，爸爸对阿达说："阿达，听说你打出了'天下无敌'的名号？"阿达拍着胸脯说："那可不！除了专业运动员，现在谁我也不放在眼里！"爸爸没有说话，带着孩子来到了业余体校。结果，阿达傻眼了。原来，那里即使跑得最慢的同学，也要比他快上两秒！从那之后，阿达跑步更加努力，也没有再说过大话了。

4. 让孩子体会磨难教育

自负的孩子，往往以为自己"战无不胜"。因此，父母不妨对孩子进行磨难教育，让他明白，自己不是什么事情都能做得好。例如，对于吹嘘自己体能过人的孩子，不妨让他参加一次马拉松比赛，让他体验一下难以到达终点的滋味；对于认为自己学习好的孩子，不妨让他做一份重点中学的试卷，让他明白什么才是真正的难度。

经过这样一番磨难，孩子就会发现，自己其实并非无所不能。当他体会到了艰辛，自然就会改变自吹自擂的习惯。

当然，几乎所有的孩子都在成长的路上出现过自负的情绪，这是由孩子的认知能力决定的，所以父母不要因此就大发雷霆甚至拳脚相加。只有"润物细无声"的教育，才能让孩子走上正轨，否则他就会变成一个无比叛逆的"坏孩子"！

带孩子走出孤僻的阴霾

亚里士多德曾说："人是社会的动物，不可能独立于社会而存在。一个人必须在与他人的交往中，才能完成社会化过程，使自己逐渐成熟。"

然而，看看现在的一些孩子吧，孤僻俨然成了他们的共同标签。这些孩子不喜欢与他人交流，总是将自己封闭在一个狭小的空间之中，无穷尽地感受着孤独。也许你以为，这是孩子的正常状态，但事实上，这却说明了孩子有了严重的心理问题。孤僻是摧毁他们的"杀伤性武器"，长期被孤独感所折磨，孩子不可能健康成长，从而影响自己的情感，表现出对他人冷漠、对集体活动排斥的行为，甚至还将影响他今后的生活，包括恋爱和婚姻。

之所以孩子会有这样的情况，是因为现在很多家庭当中都是独生子女，他们生活在孤独之中，时间久了，自然容易形成孤僻的性格。虽然这很常见，但是对于孤独的孩子，父母万万不可听之任之，而是应当伸出温暖的双手，帮助他走出孤独。否则，孩子会感到世间没有温暖，到处都是敌人。

潇潇的童年生活基本是和保姆在一起度过的。因为爸爸长年在外地工作，而妈妈每天又要上班，还要照顾年老的爷爷奶奶，所以潇潇基本上处于没有亲情关爱的状态里。每天陪伴潇潇的是堆成小山一般的高档玩具，她只能从这些东西中获取些许的安慰。

日复一日，潇潇在这样无声的环境里度过了漫长的两年多。进入幼儿园之后，潇潇成了班里最"娇气"的孩子。别的小朋友都很快适应了幼儿园的生活，而潇潇则迟迟无法适应，每天在幼儿园都要哭几次，直到放学时才能露出点笑容。

据老师反映，潇潇在幼儿园，也从不与同伴一起玩，上课时从不敢举手发言，老师提问时，她嗫嗫嚅嚅，同伴在一起开心地玩时，她总缩在旁边不出声，郁郁寡欢……

看完潇潇的案例，或许我们都会对她产生一丝怜悯之情。试想，一个成年人若是天天处于一个让自己感到不快乐，甚至恐惧的环境里，将是怎样的煎熬？而潇潇的感受应该和大人无异，甚至更强烈，更难以承受。如果不能及时加以引导而任其发展，对潇潇的身心健康非常不利。

如果你的孩子与潇潇一样，性格孤僻，作为家长的你就要注意采取一定的方法，帮孩子走出孤僻。而帮助孩子走出孤僻的唯一方法，就是让孩子变得合群。所谓合群，不仅仅是指和众多的人在一起，更重要的是能适应群体，把自己和群体结合起来，被群体中的人认可和欢迎，在群体中得到快乐。合群更多地表现为孩子的一种主动行为。因此，当孩子融入群体之中的时候，他才会有集体荣誉感，才知道什么是团结协作，才真正明白竞争的意义，才更懂得生命的价值，从而摆脱那种低落的情绪。

孩子都是喜欢群体生活的，那些孤僻离群的孩子大多数不是源于天生，而是由于不当的家庭教育方式所致。家长可以参考以下几点来帮助孩子走出孤僻。

1. 为孩子建立和谐、温馨的家庭环境

这里所说的和谐、温馨，不仅仅包括父母之间要亲密、恩爱，而且也要与孩子建立友好、尊重、互爱的关系。孩子生活在温馨、和谐的家庭环境中，才能更好地感受家庭的温暖，身心得到健康发展。所以，为了孩子远离孤僻，父母要相互关爱，也要努力改善和孩子的关系，多给孩子一些温暖，关注孩子的生活、学习和健康，每天抽时间与孩子游戏、散步、交谈，等等。这样一来，孩子就会感受到自己在父母心中的分量和地位，他的内心就会获得爱的满足感。

2. 让孩子改变自我为中心的心态

一些性格孤僻的孩子，表现得不合群，不能听取别人的意见，这实际上是因为缺乏合作意识造成的。因此，父母要帮助孩子改变以自我为中心的心态，学会分清是非。比如，父母可经常询问孩子是否玩得开心，了解他和其他小朋友之间玩耍的情况，对孩子的正确做法要及时表扬，对于不当行为也要及时指正。

3. 多为孩子创造"走出去"的机会

现在的孩子多是独生子女，缺少玩伴成了普遍现象。所以，父母就有必要尽量地创造让孩子与同伴交往的机会。比如放学后，父母可以带着孩子在小区

里玩耍一会儿，这样孩子就会有更多接触其他小朋友的机会；节假日的时候，父母可带孩子到公共场合玩或者带孩子走亲访友；父母还可以鼓励孩子约小伙伴来家里玩耍，做功课，等等。在这些活动中，父母可有意识地增加孩子与人交谈的机会，让他感受到与他人交往的快乐。

4. 正面引导对于兴趣过分着迷的孩子

性格孤僻的孩子，通常会对兴趣过分着迷，从而性格上出现孤僻。所以，当孩子出现这样的情况时，家长要进行正面引导，多与孩子交谈，从兴趣谈人生；带孩子走向大自然，去感受自然的美、社会的美，使之能处理好也能搞好人际关系，"智商"与"情商"同步发展。

青青是一个安静的女孩，从小她就很乖，做事也很专注，这让她父母对女儿一直很放心，也从来没有担心过自己的孩子。但是随着孩子年龄的增长，他们发现了问题，青青只沉迷在自己的世界里，形成了孤僻的性格。为了改变女儿，他们时常问孩子学校的情况，还经常带着孩子出去玩。过了几个月，孤僻的青青有了明显的改变。

想要改变孩子，父母的行为很重要。父母不要总是想着孩子长大了，就对他不管不问，或者借口"忙"将其交给保姆。无论再怎么忙，父母也要把孩子的问题放在第一位。父母可以在吃饭时，让孩子说说今天学校里的有趣事，还可以陪着他看电影，和他交流观影心得。到了寒暑假，更应该带着孩子一起旅游，让孩子感受到"成长的路上我不孤独"！

环境太好，也会扼杀孩子的斗志

"我要给孩子最好的！"这一定是所有父母的心愿。所以，当孩子想要一个芭比娃娃时，父母总会给她最大最贵的；当孩子想要一个飞机模型时，一定给他买个既能飞又能跑的。总之，父母认为，只有给孩子最好的环境，他才能收获快乐。可是，事实是这样吗？

心理专家说，孩子正处于成长期，不光是他的身体在一天天长大，他的性格也在一天天成长和完善。而他的生活环境对性格成长的影响很大，如果他总是生活在一个舒适的环境中，久而久之，他的斗志会在不知不觉中被扼杀。

所以在适当的时候，别忘了给孩子换换环境，暗示他不是所有的要求都可以满足，有些事情是要自己争取的。只有这样，才能培养他自主的能力，激发他的斗志。

小圆有一个幸福的家庭，爸爸疼她、妈妈爱她，还有爷爷和奶奶更是事事依着她，生怕她受一点委屈。可以说，小圆就是过着"公主"的生活。只要她摔倒了，刚哇哇一哭，奶奶就会把她抱起来，从来不等她哭上第二声。如果小圆说"我想吃西瓜"，那么不管跑多远，爸爸都会买回来让她吃。

可是就在最近，爸爸妈妈却无比发愁。小圆上了小学，几乎天天都号啕大哭着回来。今天有小朋友抢她的橡皮了，明天又有小朋友踩了她的鞋子了，总之所有的倒霉事，仿佛都被她赶上了。

爸爸知道,小圆从小娇生惯养,因此才养成了软弱的性格。在家里有人迁就她,护着她,使她没有形成自己争取的意识,遇到冲突时缺乏斗志,所以在学校里碰到丁点的小事,就只剩下了哭。于是,爸爸紧急召开了一个家庭会议,决定给她改变环境,让她从温室里走出来。

这天,小圆放学回家,她又委屈地哭起来:"妈妈,小强抢了我的新橡皮,小鸭子那块!"

"嗯。"妈妈只顾着收拾饭桌。

小圆惊讶地看着妈妈,平时,妈妈一定会说:"别哭,妈妈给你买块新的!"可是今天妈妈却这个样子,于是心里一难受,又哭了起来。

爸爸从书房里走出来,对小圆说:"你找他要回来!"

妈妈和爸爸的异常表现令小圆很奇怪,她渐渐止住了哭声。

吃饭时,小圆趴在桌子前等着妈妈跟她说橡皮的事,她想,妈妈一定会买块新的给她。可是妈妈只说了声:"快吃饭吧!"

"哼!我找老师去,不要你买!"小圆抓起筷子,赌气似的夹了一块豆腐塞进嘴巴。

第二天回家,小圆高兴地拿着她的小鸭橡皮给妈妈看。"我找到老师,老师批评了小强,他把橡皮还我了。"

"小圆真能干,好样的!"妈妈拍着小圆的小脑袋。这件事之后,小圆的性格好像变得坚强了许多,遇到了事情开始自己处理,而不是总想着找爸爸、找妈妈。

爸爸妈妈之所以不再埋睬小圆的委屈,给她提供一个略显"冷酷"的环境,就是为了让她明白这样的暗示:"事情是可以靠自己的能力解决的。虽然你们不帮我,但是我依旧有能力解决问题!"在这种心理启发下,她自然不会依旧懦弱,而是找到了解决问题的途径。

在孩子的成长过程中，环境对他的影响很大。当他摔倒时，轻轻哭一声就能唤来妈妈的双手，久而久之，他会把哭声当成一种诉求的手段，忘记了摔倒时可以自己爬起来。当他受到委屈时，只需要告诉妈妈，一切便会解决，时间长了，就会失去自己解决问题的意识。慢慢地，小孩便养成了软弱的性格，不能自主，缺乏斗志。

1. 对孩子进行冷处理

有的孩子之所以没有斗志，是因为家长对他关心过度了，只要孩子表现出一点委屈，家长就会马上忙前忙后帮孩子解决问题，这样的孩子自然就像温水中的青蛙一样，不懂挣扎。所以在孩子遇到挫折的时候，家长不妨来个冷处理。没有了靠山，孩子想要解决问题自然会自己想办法。慢慢地，孩子就会燃起斗志了。

2. 让孩子吃点苦头

生活太过安逸，孩子不会有危机感，所以家长不妨给孩子安排一些障碍，让孩子吃点苦头。比如孩子要喝凉白开的时候，让孩子自己烧水去晾，不要什么都给孩子准备好，这样孩子才能渐渐脱离安逸的温床。

小夜是家中的"小少爷"，长这么大从来都是衣来伸手，饭来张口。随着年龄的增长，小夜的妈妈觉得不能让孩子一直在太好的环境下安逸下去，于是决定让孩子吃点苦头。有一次春游，老师交代孩子们要自己准备午饭和水，平时帮着打点的妈妈这次放手不管了。小夜以为妈妈在开玩笑，也没当回事，但是第二天出发前才发现妈妈真的什么都没有给他准备，着急的他赶紧收拾背包，拿了一个面包就出门了。这一天小夜非常难忘，因为他平时从来不收拾背包，所以不知道要准备什么，但是经历了这件事，小夜开始自己的事情自己做了。

斗志是一个人面临挑战时的态度，也是一种勇气。像小夜的妈妈这样，通过让孩子接触挑战，而激起孩子的斗志，是可以实施的好方法。斗志是孩子面临挑战时必需的，家长不要剥夺了孩子的斗志，让他像海燕一样乘风破浪才是家长给孩子成长中最好的礼物。

通过家务活培养孩子的生活技能

现在大部分家长都不会让孩子做家务，他们认为孩子只要学习成绩好就够了，其他什么都不用管，实际上这样的想法是绝对错误的。孩子的未来并不是靠成绩决定的，而是他的综合能力。如果孩子什么都不会做，油瓶倒了都不知道扶一下，那他一定不能成为一个独立自主的人。

做家务看似简单，实际上这可是综合能力的考察，包括孩子是否讲卫生、是否爱家庭、是否孝顺父母、是否有责任感。试想一下，如果家长把所有家务都包了，那么孩子会认为这不是他的责任，即便有一天要他自己做家务，而他又不会，那么他就会抱怨父母为什么要让他做义务范围以外的事情。

齐佳是同学眼中的懒孩子，平时一做值日她就往后退，还说："我在家里都不干活的，这些我不会做，为什么要让我做啊，我的衣服要是脏了怎么办？"看着齐佳找各种各样的借口逃避劳动，同学们都讨厌她。

原来的齐佳其实不是这样的，她从小就是个好奇心很重的孩子，喜欢学习，当看到父母收拾房间的时候，她也有模有样地做，但是因为不会，所以总是弄得一团糟。但这并不能打消她做家务的积极性，她依旧想要尝试。但是往往不能实现。

比如，她试着洗自己的衣服，洗衣粉不知道放多少，结果倒了半袋子，弄得满满一盆子泡沫。她连玩带工作，最后洗完了。但是她不知道要拧干衣服，所以弄了一地的水。妈妈看到之后有些生气，因为工作一天回来还要收拾孩子摆下的"残局"。她只能打发孩子去玩，还告诉她："这些事情你以后都不要做了，爸爸妈妈不用你，你好好学习就行了，玩去吧。"

那之后，虽然齐佳也曾想尝试，但都被妈妈拒绝了。到了她小学二年级的时候，妈妈觉得应该让孩子自己洗袜子了，于是就放手不去管，没想到以前喜欢做家务的孩子现在反倒不做了，袜子堆了一个星期，好几双都放在那里，她也不洗。最终妈妈看不过去给洗干净了。

齐佳的爸爸又想办法，只要齐佳自己洗袜子，就每周多给她 10 块钱零花钱。有了这个动力，齐佳开始自己洗袜子了，但是，如果爸爸妈妈让她做别的事情，她就事先提条件，要么就不做，就算真的做了，也是敷衍了事，因为她只想要奖励。

齐佳的父母不明白，曾经喜欢做家务的孩子现在怎么成了这个样子。

很多家长对此都深有体会，在孩子很小的时候，不让他干家务他也抢着要做。但是等到他长大了，反倒成了一个懒孩子，任家长怎么说，就是不肯做家务，就算自己的房间也不动手收拾一下，什么都等着父母来干。

为什么孩子会变成这样呢？不可否认，这和孩子的家庭环境有很大的关系。如果家长习惯了做家务，什么都不让孩子去做的话，那么孩子渐渐地自然就放弃了尝试。因为他认为家务就应该父母做，是父母的分内之事，自己没有必要插手，即使自己不做，父母早晚也会收拾。如果孩子有了这样的想法那么就糟糕了，所以家长应该及时纠正孩子的错误思想，让孩子学会自主地做家务。

1. 把家务当作一种娱乐

孩子正处于好奇心旺盛的年龄，总想去尝试那些没有尝试过的事情，对此，家长应该给予支持。当然，孩子有可能做不好，这是很正常的现象。家长和孩子一起做的话，可以时刻告诉他应该怎样做，这样孩子就会渐渐学会了。

如果你的孩子已经习惯不做家务，那么也不用担心，只要让孩子觉得这是游戏就好了，不要让他当成是一种工作，这样他才会乐在其中。通常情况下孩子都比较喜欢玩水，家长可以从洗衣服开始，即便弄了一地水也不要责骂孩子，要告诉他怎样做下次可以收拾得干净一些，这样下次孩子就会做得好多了。

2. 找到适合孩子做的事情

每个孩子在不同的年龄阶段都有自己力所能及的事，如果家长因为孩子小而不让他插手家务的话，那么在这样的环境里孩子就会渐渐忽略做家务。

如果孩子年龄比较小，那么就可以让他从最简单的事情做起。比如收拾自己的玩具，随着他年龄的增长，家长可以让孩子收拾自己的玩具、自己的房间，自己的衣服自己洗。慢慢地，孩子就能变得独立自主，这时家长可以安排孩子帮自己做一些家务，比如采购、拖地，等等。

3. 不要心软，要放手

孩子有时依赖父母惯了，认为自己不做早晚父母看不过去一定会插手。事实上很多家长也是这样做的，不得不说孩子实在是很敏感的生物。如果家长真的决心要孩子做家务，那么就不要总是插手，将自己的决心给孩子看看。慢慢地，孩子就会做家务了。

　　袁月是个喜欢美的女孩子，每天都要换不同的衣服，而且每件衣服都要干干净净的。孩子讲卫生是好习惯，但是她从不做家务，衣服都是妈妈来洗。为了让孩子从安逸的环境中脱离出来，她的妈妈决定撒手不管。她说不管就真的撒手了，一个星期过去了，半个月过去了，一个月过去了……眼看着自己没有干净衣服穿了，袁月自己动手洗了起来，那之后她就开始自己洗衣服了。

　　每个孩子都有在意的事，如果家长总是将他的房间收拾得非常干净，那么孩子就忍受不了脏乱的环境。如果这个时候家长放手，并能够管住自己不去做，那么孩子最终一定会自己动手做的。所以从长远来看，家长还是不要太溺爱孩子，给孩子一个表现自己的机会，制造一个自由的环境，让孩子从家务活当中学会生活技能。

把孩子"赶"出家门，品尝打工滋味

　　孩子不接触社会，永远不知道生活的艰难。在他们眼中，只要是自己想要的，说句话就能得到。这样的认知是错误的，但是如果只靠说教，孩子很难听进去，更谈不上理解。在我国，很多家长都将孩子保护得很好，就像温室里娇艳的花朵一样。但是出了家庭这个小环境，进入社会的大环境，很多孩子都表现出不适应，比如不懂如何与他人交往，不懂基本的生活常识，等等。

在国外，有很多地方都推崇让未成年的孩子打工，以体验生活为目的。比如在美国，很多孩子很小的时候就被家长逼着去打工。当然，父母不是为了孩子所赚取的报酬，而是为了锻炼孩子，让孩子及早接触社会。在日本，很多上着学的孩子在课余时间都会去打工挣钱。

有时，那些孩子并不愿意离开家庭这个温室，去做那些辛苦的工作，但是家长们总能想到办法。比如不满足孩子的愿望，如果想要什么东西，就自己赚钱去买，或者让孩子自己赚取书本费，等等。

在我们看来，这些家长的行为未免有点不近人情，但是为了孩子的长远考虑，不得不说，这些家长们很高明。

小艺是一个性格内向的女孩子，平时被家人宠着、保护着，眼看着就要升入初中，却还不懂如何与他人交流。为了改变孩子，小艺的父母下了一个艰难的决定，他们决定要让孩子为自己打工。

小艺的父母经营着一家洗车店，他们出于安全考虑，要小艺在自己的店里工作，当然，工资是按照普通职工的标准发放的，做不好自然也要扣工资。小艺年龄还小，不适合擦洗车子，他们反正是为了锻炼孩子的性格，于是安排小艺做接待员。

第一个顾客上门的时候，小艺脸红得说不出话来，她不知道要怎样做，只能求救似地看向父母，不过小艺的爸爸妈妈就像不认识她一样，没有理睬女儿。眼看着客人有些不耐烦，小艺鼓起勇气，小声地说了一句："欢迎光临，请问有什么能够为您服务的吗？"

看着眼前的小接待员，客人并没有发火，只是说明了自己的需求，然后小艺就手忙脚乱地为客人安排，好在客人没有为难她。这一天小艺过得非常辛苦，这是她第一次和陌生人打交道。

第二天，小艺的父母又安排她发放传单，这更是挑战小艺的极限，她要主动和陌生人说话。刚开始的半个小时，小艺一直在踌躇，最终下定决心的她迈出了坚定的步伐，走向了陌生人，发出了人生当中的第一份传单，虽然她的声音小到自己都听不见，但是有了开始，之后的工作就变得简单多了。

半个月过去了，小艺的性格改变了许多，也拿到了自己人生当中的第一份工资，同时她也体验到了父母的艰辛。

体验生活是孩子成长过程当中必不可少的一项课程，作为家长，有义务引导孩子认识社会，提早接触社会对于孩子而言能够拓展他的见识，也能帮助孩子心智成熟。

当然，对于未成年人而言，打工并不是一件简单的事情，安全也是很多家长考虑的因素，那么怎样才能让孩子体验生活，同时又能保证孩子的安全呢？

1. 帮孩子择业

对于孩子而言，他们面临的是一个完全未知的大环境，社会不同于家庭，孩子有恐惧心理是正常的，所以家长要做好前期工作，帮助孩子择业。

在我国，雇用童工是犯法的，去陌生的地方让孩子实践又不能让家长完全放心，所以家长们可以找认识的亲戚或朋友，如果有开店的朋友、亲人，可以安排孩子去那里打工。这样可以避免安全隐患，同时也能让孩子容易接受。

2. 放宽对孩子的要求

之所以让孩子去打工，目的并不是为了让孩子为家庭赚钱，所以没有必要对孩子太过苛刻。让从未接触过社会的孩子进入社会当中，对于孩子而言本身就是一件不简单的事情。所以家长应该多鼓励孩子，适当放宽对孩子的要求，只要孩子体验了生活，对社会有了一定认识就够了。

3. 积累经验很重要

对于成长中的孩子而言，未知有很多很多，而他们长大后依靠的多是经验，所以家长应该要提醒孩子，注意经验的积累。

培养"财商"，让孩子知道钱是怎么回事

在经典理财童话《小狗钱钱》一书中，有这样一句话："金钱绝不是生命中最重要的东西。可是，假如我们缺钱的话，钱就会变得格外重要。"当然，这并不是说要让孩子从小就把金钱看得很重，而是要让他了解钱的概念、用途，以及钱所能做到的事情。

"财商"这项基本的生存能力，是孩子不可或缺的，只是很多父母都忽略了这点。

峰峰刚到上幼儿园的年纪，妈妈为了培养他的理财意识，决定带他一起去交学费。在路上，峰峰好奇地问妈妈："为什么要把这些钱交给幼儿园呢？"妈妈温和地告诉他："这些钱交给幼儿园，主要是用来支付幼儿园阿姨的工资，用来买玩具、学习用品、水果、午餐，为小朋友修建玩耍的场所等。"

峰峰又问："那我们交给幼儿园的钱都是从哪里来的呢？是爸爸妈妈工作挣来的吗？"妈妈说："宝宝真聪明，你说对了，我们所花的所有钱，都是爸爸妈妈辛辛苦苦地工作挣来的。跟幼儿园阿姨一样，我们只有通过工作才能获取金钱。"峰峰点了点头说："我知道了，以后我再也不会乱花钱了，而且还

要帮爸爸妈妈多干活。"

尽管只是去幼儿园路上的简单对话，却让年幼的孩子明白了两个重要的问题：第一个是为什么交钱才能上幼儿园；第二个是钱是一种货物与货物之间等价交换的媒介，是需要付出劳动才能获得的东西，并不是随意得到的。通过这样的教育，孩子会更加体会到挣钱的不容易和父母的艰辛，从而拥有正确的金钱意识。

著名作家罗伯特·清崎这样说道："理财是一个人十分重要的社会生存技能，一个人必须端正对待金钱的态度，不能成为金钱的奴隶，而是要让金钱为我们服务。今天我们的教育体制已经不能跟上全球变革和技术创新的步伐，我们不仅要教育青年人在学术上的技能，还要教育他们理财的技能，因为这不仅是他们在这个世界上生存下去的技能，更是赢得美好生活所必须具备的技能。"

明智的父母应该在孩子很小的时候，就教他认识钱，并告诉他应该如何正确地花钱。当然，这并不是说要把孩子培养成贪财鬼，更不是误导孩子，而是以此来培养他的生存能力和竞争能力，让他明白钱的重要性，懂得父母赚钱的艰辛。如果父母不让孩子从小认清钱的来源和本质，那么他将很难学会理财，长大后也不会好好把握手中的金钱。

1. 教孩子掌握理财的基本知识

实际上，孩子 4 岁之后对于一些事物的理解能力已经比较强。此时，父母应帮助他掌握理财的基本知识，比如消费、储蓄、给予，等等，并让他进行实践操作，这是培养孩子经济意识和理财能力的最好时机，这种能力的培养越早，孩子就会变得越聪明。一般家庭的父母可以教孩子将压岁钱和平时的零花钱分别存在两个账户中，并告诉他如何使用；具备投资能力的父母在孩子 4~7 岁期间，可以鼓励他参与某些家庭投资，比如将压岁钱拿出来放入爸爸的账户中，使钱生钱。

相关专家表示，从小就有意识地培养孩子的理财能力，指导他熟悉和掌握基本的金融知识与工具，对孩子尽早形成独立生活能力，和智力的开发与发展都有着很大的促进作用。

2. 带孩子到自己工作的地方参观

父母每天顶着晨曦出门，披着星月回家，每到月初，都会如数地拿回工资，这让孩子感觉上班是一件很简单的事情，挣钱也不难，因此会将目光聚集在金钱上，而忽略掉父母在工作中的辛劳付出。为了让孩子正确地认识到父母的辛苦，因此无论他年龄有多大，最好找个机会，带他到自己工作的地方去看看。

一天，添添对妈妈说："我同学很多都有电动车了，才不到2000块钱，你也给我买一辆吧。要不我总骑那老土的自行车，太没有面子了。"妈妈感到十分惊诧，她每月的工资才只有1500元左右，可在孩子口中，钱就像白给的一样，于是决定带孩子到自己打工的地方去看看，让他感受一下挣钱的辛苦。从妈妈工作的工厂回来之后，添添说："过去我太不懂事了，妈妈挣钱那么辛苦，以后我不会乱要东西了。"

家长只有让孩子真切地感受到父母工作的艰辛，他才会明白金钱的来之不易，才会懂得他衣食住行所用的钱是从何而来，这种切身体验会比父母枯燥地说教强百倍。正如有位哲人曾说："要让孩子知道，你付出了代价，才拥有了现在的生活。"

3. 让孩子自己攒钱

当孩子中意一件东西，而且这件东西对他的学习或生活有利的时候，只要能买得起，很多家长都是毫不犹豫地慷慨解囊。实际上，家长可以让孩子自己攒钱购买，这样才能让孩子逐渐学会理财。

4. 给孩子零花钱要有所节制

现在生活条件好了，家长们恨不得把全天下最好的一切都给孩子，但是用钱无度对孩子的成长并不利，这样只会让他成为一个物质的人。如果孩子零花钱没有了家长就给，从来没有"度"，那么孩子自然不能正确地理解金钱的概念。

想要培养孩子的理财观念，就要给孩子定下零花钱的数额，这样孩子慢慢就会懂得计划消费了。

增强观察能力，让孩子捕捉到生活的细节

伟大的进化论创始人达尔文曾说："我既没有突出的理解力，也没有过人的机警，只是在觉察那些稍纵即逝的事物并对其进行精细观察的能力上，我可能在众人之上。"这位从小就热衷于观察动植物的生物学家，运用善于观察的眼睛，经过二十多年不断地观察积累，最终完成了《物种起源》，并获得了世界的瞩目。

其实在日常生活当中，良好的观察能力不仅能够成就伟大的名人，还是学习和生活中解决问题的基础。因为人类有 90% 的外界信息，都是通过视觉获得的。而面对同一种事物，观察力敏锐的人能够看到别人看不到的问题，理解他人无法理解的地方，因此也能较快地看出事物所独具的特征，进而抓住事物的本质。正如有位科学家所说："一个观察力强的人步行两公里所看到的事物，比一个粗枝大叶、走马观花的人乘火车旅行两千公里所看到的东西要多。"

家庭是孩子所接触的第一个环境，家长是孩子的第一任老师，想要增强孩

子的观察能力，就要利用好孩子在家的这段时间。

小静是一个非常活泼的女孩子，虽然性格大大咧咧，但是她的观察力却很强，敏感的小静总是能够发现一些别人发现不了的问题。举例来说，有一次课堂小测验，有一道题全班只有小静做对了！因为这道题绕了好几个弯，还有一个隐藏得很深的提示，这个提示只有小静注意到了。

小静之所以这么细心，与她的家庭教育分不开。从她很小的时候，妈妈就开始对她的注意力进行培养。小时候孩子们都喜欢四处观察，小静的妈妈就留意到了，她发现小静尤其喜欢观察动物，所以她引导小静爱上了生物。

她们还时常一起玩一些锻炼观察力的游戏。渐渐地，小静越来越细心，观察能力也越来越强了。

孩子成长的过程当中，观察力的培养和生活息息相关，能力需要学习，更重要的是需要实践。这种东西无法通过书本获得的，而且也非一朝一夕的工夫就能达成，所以家长应该从小就培养孩子的观察能力，利用好家庭这个小环境，多引导孩子关注生活的细节。时间久了，孩子自然会有很强的观察能力。

当然，观察能力是通过点点滴滴的小事来培养的，以下几个方法家长可以借鉴。

1. 引导孩子学会观察

虽然孩子生下来就会东张西望，但是这时的孩子往往只是好奇，并没有目的性。而仅仅能够看到，却不能从中发现什么的话，就不能算是观察力。所以，家长应该引导孩子找到观察的目的，就是为什么要观察，这样才能引发孩子进行进一步的思考。

妈妈为了培养明明善于观察的能力，每次带他去公园，总会给他提出一些小的要求，"今天你来看看有哪些花儿开了""我们走过的小桥是什么样子的，上面写了什么字"等，让他带着问题进入公园，回来后再进行回答，还引导和鼓励他写观察日记，将一天的见闻，或某个小细节进行描述。经过一段时间的培养，明明的观察力有了很大提高，每次出门回来总告诉妈妈一些外面细微的变化，而且认路也认得特别准确。

另外，对于那些不善于观察的孩子，家长要多注意孩子的兴趣点，从而激发孩子观察的欲望和好奇心。

2. 多观察自然景观

观察大自然中的景观和变化，能够很大程度地提高孩子的观察兴趣和能力。比如观察江河湖海的区别，观察河水清澈和混浊的界定，观察自然界颜色各异的花草树木，发芽、生长、衰败的种种变化，观察春、夏、秋、冬四季的不同，春天，气候温暖，草木发芽变绿，花朵开放；夏天，气候炎热，草木茂盛；秋天，天气转凉，树木的枝叶变黄，凋谢；冬天，气候寒冷，草木凋零等。

3. 多观察日常用品

在日常生活中，父母可以利用孩子常用的物品来激发他的观察兴趣，提高他的观察能力，让孩子明白很多日常生活用品都有它独特的作用和特征。比如茶杯是盛水的，但也可以盛豆、插花。塑料杯掉在地上摔不碎，玻璃杯很容易破碎等。

4. 去画展看一看

很多家长都知道，图画是以形象的手法来展示实物特点的标志性物品，这恰好符合孩子的形象注视规律。因此，父母可以带领孩子去参观一些画展，引导他进行观察力训练；还可以举办家庭画展，将他一段时间内画的画作集中起来，比较来看。

父母也可以引导孩子参观和评论自己的画作，看看同期作品的异同，以及前后作品的差别等。这不仅可以反映孩子观察力的水平，还能让他在分析自己画作的同时，得到绘画水平的提升。

或者也可以和孩子一起画同一个物品，比如家里的摆设或者小动物等，然后一起展出，共同评论。还要注意启发孩子对作品多发表意见和改进建议，并肯定他的进步，这样他的观察力自然会不断地提高。

第六章
外在世界给孩子的正负影响

孩子成长的过程充满艰辛，稍不留意，就会受到外界环境的不良影响。然而，很多时候外界环境的影响是不可避免的，所以，这就需要父母给孩子创设良好的心理环境。我们要帮孩子塑造健全的人格，培养良好的社会情感，引导孩子学会辨别事物的好坏，学会凭借自己的努力去追求成功。

借孩子一双"火眼金睛"，教给孩子防范意识

每个家长都希望自己的孩子在一个良好的环境当中长大，他们不愿意让孩子接触社会的阴暗面，他们希望自己的孩子心中能够充满阳光，因此对于很多阴暗面都本能地避讳。但是家长们不该忘了，有些事实不是我们刻意忽略掉就不存在的。社会是一个复杂的环境，有阳光的一面，也有阴暗的一面，如果对孩子保护过度，那么在孩子遇到危险的时候，他们也不会有防范意识。

孩子对陌生人有戒心是一个好现象，这至少说明你的孩子有防范意识。如果孩子比较单纯，容易轻信别人的话，那么家长就要注意了，一定要培养孩子

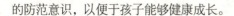

的防范意识，以便于孩子能够健康成长。

一天，上小学五年级的艾艾放学后，独自回家。路过一个小巷的时候，迎面出现了一个 30 来岁的女性上前搭讪。该女士和蔼可亲地说道："小朋友，我想去光华路鸣鼓街，可我不知道怎么走，你能否帮我指指路啊？"

艾艾是个善良又机灵的小姑娘，经常遇到有人问路，但凡她知道的，都会告诉对方。这一次也不例外，但是艾艾只知道光华路在什么位置，并没听说过鸣鼓街。

等艾艾说完光华路的位置后，对方继续温和地说道："小朋友，你就帮人帮到底，坐我车子，跟我一起去光华路吧，到那里你再指引我一下。我刚来这个城市，对于道路真是一点都不清楚，我都转向了，所以需要麻烦你了……"

艾艾一听对方提出要自己上她的车，就觉得有点不对劲儿了。但她知道，如果自己这时候表现得很慌张，说不定会惹怒对方，那样对自己就更不利。所以，艾艾装作平静而客气地说，自己的爸爸就把车停在小巷口呢，因为车太大进不来，所以自己要马上赶过去。

说完，艾艾跟那个女士说了声"拜拜"之后，便快步离开了。

故事中的艾艾可谓是个聪明的女孩。而这个女士用成年人的经验来判断，很可能是个骗子。好在艾艾反应机敏，没有上她的当，逃过一劫。

可是，我们的孩子能够都像艾艾这般机灵吗？

对此，家长们应先从自身行动起来，只要我们告诉孩子一些相关的防范措施，那么孩子在遇到此类情况时，也能够像艾艾这样谨慎地和陌生人说话，不轻易相信他们。

1. 允许孩子说"不"

为了让孩子从小敢于表达自己的意愿，父母要避免经常替孩子说话。因为这样会剥夺孩子练习在其成长过程中所必需的重要技能的机会——敢于表达自己的意见。为此，在陪伴孩子成长的过程中，我们应多找机会让孩子练习用坚定的语气表达自己的意愿，以此来保护自己。

家长不应该从小就灌输孩子"要听大人的话"这样的思想，要允许孩子说"不"，要让孩子学会拒绝，这样在面对陌生人的时候，孩子才能保护自己。

2. 教孩子懂得怎样判断可疑成年人的行为

不少父母在教育孩子的时候，常会说"陌生人可怕"来吓唬孩子。其实，对孩子进行如何辨别可疑行为的教育，比这种吓唬策略好多了。为此，父母可以在日常生活中不停地提醒孩子，和孩子探讨这些情形，并让孩子熟知如果碰到这种情况，应该采用的应变方式。

（1）当有人向孩子寻求帮助时，比如："麻烦你帮我找我的孩子，可以吗？""你帮我找找我的小狗，好吗？"告诉孩子，不管什么原因，大人都没必要向孩子求救的。所以，当出现这种情况时，是很可疑的。

（2）当有人询问孩子的个人信息时，比如："你家的地址是什么？如果你告诉我的话，我会送你一个玩具。""你把你父母的电话告诉我，我和他们取得联系。"我们一定要告诉孩子，不要向陌生人透露个人信息，包括姓名、家庭住址、电话、学校等。

3. 排练情景剧，学会应对陌生人的安全技巧

父母可以用情景剧的方式，让孩子演示各种情况，一遍一遍地进行练习，直到孩子完全掌握这种安全技能。

当外出的时候，父母也可以指着停在路边的车子，问孩子："如果有人让你上车去拿你喜欢的游戏机，你会去吗？"实地演习来增强孩子的自我保护意识。

4. 让孩子学会自救

平时家长除了保护孩子之外，也要传授孩子一些自救的方法，比如尽可能多地记住家里的信息、父母的地址、电话，等等。另外，要让孩子熟记求救电话，比如110、119，等等，这样在孩子遇到危险的时候，就可以多一层保障。

小波是一个看上去有点柔弱的男孩子，但是在遇到困难的时候，小波总能坚强起来。有一次，他和自己的朋友跟着父母出去玩，没想到人太多他们走散了。当时小波的朋友吓得直哭，但小波很镇定，因为他的爸爸妈妈平时就告诉他遇到危机要怎样自救。他向路人借了手机给自己的妈妈打了电话，没一会儿，妈妈就找到他了。

看清是非对错，让孩子学会辨别"好歹"

一个没有是非观念的人很容易走上违法犯罪的道路。所以自古以来，古圣先贤就教导我们要明是非、知美丑、识善恶。但是，这些观念并不是与生俱来的，而是需要从小培养的。

孩子最初判断是非的标准都是以家长对此事物的态度、情绪、情感来作为自己判定的参照物。凡是父母肯定的东西就是正确的，父母认为是错的，孩子也就认为是错的。随着孩子逐渐长大，自我意识一点点增强，其判断是非的观念也会受到周围环境的影响。

家长是孩子的第一任老师，家庭是孩子身心成长发展的摇篮。孩子往往会以父母的言行为依据判断、衡量自己的行为，以父母的判断、态度作为是非评价的标准，模仿、套用进行自己的判断衡量，进而形成自己的思想道德观念。家长一定要利用环境，因地制宜地教育孩子、引导孩子，让孩子学会分辨是非。

　　思雨是一个品学兼优的好学生，成绩在班级里总是名列前茅。最近这段时间，班级组织开展学习互助活动，班主任赵老师把班上出了名的"调皮鬼"张小飞调到思雨旁边做同桌，目的是希望思雨能够在业余时间帮助张小飞补习功课，提高张小飞的学习成绩。

　　做同桌的这段时间里，思雨和张小飞渐渐熟识起来，两人经常有说有笑的。"调皮鬼"张小飞也会经常捉弄思雨，揪揪思雨的辫子或者放一只青蛙到思雨的课桌里吓唬她，因此教室里经常出现两人追赶打闹的场景。

　　渐渐地，班里有同学开始拿思雨和张小飞开玩笑，有些女生还故意疏远思雨。对此，思雨心里非常委屈和难过。一天放学回家后，思雨终于忍不住将自己这几天憋在心里的委屈一股脑儿地告诉了妈妈，眼泪止不住地流。

　　妈妈听完女儿内心的困惑后，心疼地抚摸着思雨的头，语重心长地说："妈妈理解你的心情，被人冤枉的时候，心里是最难受的。"

　　"妈妈，那我该怎么办？我不要和张小飞做同桌了，也再也不和他说话了。我明天就向赵老师申请换座位！"思雨抽噎着，妈妈对思雨的理解明显放大了她内心的委屈感。

　　"傻孩子，这样解决不了问题，"思雨妈妈耐心地开导女儿，"你积极参加学习互助活动，认真帮助张小飞补习功课是非常正确的行为。只是今后一定要注意自己的言行，不要经常和男同学不分你我地说笑打闹。"

　　思雨睁着哭红的大眼睛，认真地听着妈妈的教导："那以后班上的女生还

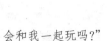

会和我一起玩吗?"

"当然会啦,你和他打闹或许不对,但是你帮助他并没有错。你要分得清是非对错,不要别人一干扰,你就把自己否定了。对的就是对的,自己心里要有一杆秤啊。"思雨妈妈对孩子说。

在那之后,思雨仍旧帮助张小飞的学习,只是不再打打闹闹了。同学们又和思雨走近了,而且还经常向她问问题。

孩子对于很多事情的判断受其思维和认识的局限,容易钻到牛角尖里出不来。当我们的孩子在成长过程中,遇到和思雨类似的事情时,我们也会像思雨妈妈那样体会到孩子的委屈和痛苦。

这时候,作为父母我们要做的,不是对孩子进行讽刺、指责,而是教给他明辨是非的能力。这样孩子才会结合父母的教导,认识到自己在处理问题时的不足。试想,如果思雨妈妈听完孩子的哭诉,厉声呵斥她:"你怎么这么不知道爱惜自己,傻呀你!"想必思雨的自尊心会受到严重的伤害,等再遇到类似的事情时,还是不会采取理想的方式去处理。那才是最可悲的呢!

人如果没有是非观念肯定要走上违法犯罪的道路,要明是非、知美丑、识善恶。然而是非善恶美丑的观念不是与生俱来的,是要后天从小培养的。怎样使孩子明辨是非呢?

1. 帮孩子树立正确的思想道德观念和标准

孩子的头脑是一张白纸,家长描什么、画什么,就在孩子头脑中留下什么。所以,家长要用正确的思想道德观念和标准来教育、要求孩子,从小培养孩子有理想、有道德、有文化、有纪律;教育孩子热爱祖国、自尊自爱、注重仪表、礼貌友爱、遵规守纪、勤奋学习、勤劳俭朴、孝敬师长、遵守公德、真诚守信,等等。切记不可以怕孩子吃亏、受罪而给孩子灌输自私自利、损人利己、贪图享受等反面的思想道德观念。要让孩子用正确的思想道德观念判断、衡量自己和别人的言行。

2. 让孩子把握好是非界限

正确的教育，要让孩子把握好是非界限，掌握一些是非曲直，丰富孩子的思想道德知识，提高思想道德的认知水平。比如，告诉孩子哪些是应该做的，哪些是不应该做的；哪些人的举止行为是善意的，哪些人的言谈举止是加害自己的。让孩子识别一些谎言、欺骗，告诉孩子该去的、不该去的，该信的、不该信的。

浩浩的妈妈从小就注意对孩子意识的培养，尤其是是非观的培养。在浩浩小的时候，他的妈妈就经常利用各种机会让浩浩判断是非。比如在街上看见有人往地上扔垃圾，有人闯红灯，都会告诉孩子这样做是不对的，即便大家都这样做，但错的就是错的。渐渐地，浩浩成了一个有原则、能够明辨是非的孩子。

3. 要注意正面引导

教育孩子的过程中要注意正面引导，要允许孩子认识不清、犯错误。对孩子犯错误，家长不要简单粗暴，不能非打即骂。孩子的认知水平不是一天两天形成的，家长要不急不躁，耐心细致地解释、分析，因势利导，注意发挥孩子的主观能动性，让孩子自己发现对错，明辨是非。这对孩子形成良好的思想道德观念是有很大帮助的。

4. 利用讲故事的方式让孩子分清对错

教育孩子的时候，我们通常会给他讲道理。可是，对于孩子来说，他们很难在短时间内明白这些道理，而且听多了，他们会产生强烈的反感。其实，父母可以利用讲故事的方式来让孩子从中感受是非曲直、对错好歹。

有个性而不另类，引导孩子树立正确的审美观

当下，铺天盖地的信息充斥着人们的视觉，而这或多或少地也影响了正在成长中的孩子们：今天看到哪位明星穿了破洞牛仔裤，就要妈妈给自己买一条；明天看见谁把头发染成了绿色，赶紧用暑假的时间也弄一下，跟着过一把"瘾"……类似这样的情况在很多孩子尤其是青春期的孩子身上都会发现。

一旦发现家里有个"另类"小魔头，爸爸妈妈多是无奈地摇摇头，若是训斥孩子，没准还会引来一堆反驳的"道理"。很多父母索性也就睁一只眼闭一只眼，或者说说不听就算了。

虽说如此，父母的心里却并不平静，他们也担心这样下去，孩子会走入审美的误区，对成长不利。

那么，做父母的是不是也该反思一下，孩子从小到大，自己给过他多少审美方面的引导呢？

审美品位的高低，最能反映人的气质。怎样培养孩子具备较高层次的审美意识，以在富有个性的审美中建立自尊与自信，是父母们必须要掌握的。

对此，婷婷的妈妈做得很不错，她是这样培养女儿婷婷的审美观的：

孩子在穿戴方面的选择，我从不硬性规定哪些可穿或哪些不可穿。我之所以这样做也是防止她产生逆反心理，认为妈妈有病，没有能力打扮她，就限制她追求美。即使妈妈也没有剥夺女儿爱美的权利。

一次，我花 30 元钱买了 5 公斤毛线头，那是毛衣厂的下脚料。我把五颜六色的线头一截截接好，给孩子织了十来件衣、裙、裤、背心，利用颜色俱全的特点，精心设计出富有儿童情趣的款式和图案。女儿穿上这件衣服，平添了几分聪颖、活泼。小朋友围着她，摸摸小乌龟，揪揪三毛的头发，羡慕极了。好多阿姨都借她的毛衣做样子。

过年了，女儿不让我花钱为她买新衣，建议利用家里的剩条绒布拼成灰绿色罩衣，由自己设计选择补花图案，最后她选择了一个卡通小姑娘。于是，我们找出各色花布，女儿负责剪纸样。全家 3 口人剪剪贴贴，拼拼补补，一起缝制，整整干了两天一夜，直到大年初一才完工。我们把它挂在衣架上欣赏，那奇特的效果简直令人心醉！女儿几次参加学校里的活动都穿着它，从 6 岁一直穿到小学三年级仍舍不得丢弃。女儿在一篇作文中说："即使我住进了宫殿，享遍富贵荣华，不管走到哪里，永远不会丢弃它。"

从故事中可以看出，婷婷和她的妈妈都是爱美的人，但是在妈妈的正确引导下，婷婷没有像如今很多孩子那样追求名牌，而是从妈妈的一针一线里感受到美的真正意义。

现在信息飞速发展，孩子们的世界也变得多姿多彩起来，他们正处于好奇心旺盛的年龄，如果家长们没有引导孩子们树立正确的审美观，那么在集体当中，他们很容易被那些所谓的另类所影响，审美出现偏差。

为了防止孩子的美失去协调，家长应该尽早培养孩子的审美观念，让孩子拥有科学的审美观，不会盲目追求个性。

1. 给孩子正确的审美引导

一个人审美能力的高低很能体现其气质高低，气质高雅的人，审美能力也会很高，他知道自己穿什么衣服得体，戴什么首饰彰显个性。在孩子最初追求美的过程中，最初可能会模仿一些成年人，笨拙地学着扎领带、化妆，穿他看上去流行时尚的衣服，可能会因为盲目追求美而出现一些低级的错误。这时，父母千万不可讽刺和打击。讽刺和打击不仅会打击孩子的自信，导致孩子心理自卑，还会抹杀他们对美的追求，阻碍他们正确审美观的形成。

丫丫是个可爱的女孩子，她的妈妈是出了名的美人，从小丫丫就非常崇拜自己的妈妈，所以总是忍不住去模仿妈妈。当然，丫丫还没有学会化妆，所以有一次她想给妈妈一个惊喜，结果弄了一个大花脸。看到女儿这样，丫丫的妈妈笑话女儿是"东施效颦"。丫丫查过字典后非常伤心，从那之后孩子就变得非常自卑，而且有了叛逆心理，穿衣打扮再也不听妈妈的安排，她觉得怎么样个性就怎样做。

个性是每个孩子都会追求的，这无可厚非，但是家长一定要给予正确的引导，这样才能让孩子拥有自信之美。

2. 带孩子走出攀比的误区

希望自己漂亮、受到所有人喜爱的孩子，最希望自己成为人们瞩目的焦点。所以，当孩子看到别人拥有自己没有的东西时，往往就会不由自主地产生一种自己也想拥有的心理。究其源头，其实并不在于孩子真觉得别人的东西好，而是他攀比的心理在作祟。他会认为："别人之所以比我漂亮，是因为他穿了名牌的衣服，戴着名牌的手表，脚蹬名牌鞋子。"于是，他就强烈要求父母也给自己买，自己穿上了就是美的。当孩子产生攀比心理的时候，父母一定要及时纠正。

3. 让孩子接受艺术熏陶，提升审美水平

父母可以根据孩子的实际能力，挑选一些优秀的美术作品与他一起赏析。

比如欣赏风景画时，可问孩子："你在画中看到了什么？有什么联想？你认为画中什么最重要？为什么？这幅画给你什么感觉？你认为画家在作画时有什么感觉？"诸如此类。

小风年纪不大，但特立独行，他的审美眼光独到而又不另类。在周围的同学都追随所谓的"潮流"时，小风仍旧保留着自己的风格，这反而让他看起来更个性一些。要说小风为什么能够拥有这样的个性，这取决于他父母对他的培养。在小风小的时候，他的爸爸妈妈就经常带着孩子到一些艺术展会去参观，回来还要进行交流。在这样的过程当中，小风渐渐拥有了较高的审美水平。

家长要记住一点，在参观的过程当中可以多用启发式教育，多问问题，然后听孩子怎样回答，并从孩子的答案当中找出对的观点和错的观点；对不正确的观点要及时指正，不能敷衍，从而让孩子的审美能力有所提高。

相信近朱者赤，不和"坏孩子"接触

中国有句俗语叫"在家靠父母，出门靠朋友"。可见好的朋友对一个人而言有多么重要。生活在社会当中，没有人可以脱离朋友，校园就是一个小社会，在这个小环境当中，孩子也会寻找朋友。但是，孩子没有"火眼金睛"，不知道该和怎样的人交往。如果交了坏朋友，那么孩子很可能会被带坏。

虽说我们不该戴着有色眼镜看人，但是"近朱者赤，近墨者黑"的道理是没错的。对于成长中的孩子而言，他们很容易受环境影响，如果家长对于孩子的交友不加限制，那么孩子一旦和"坏孩子"接触的话，很可能会误入歧途。

维维的父母思想开放，他们觉得孩子都很可爱，不应该戴着有色眼镜看人。他们觉得孩子们都是善良的，维维从小就接受了良好的教育，还很听话，他们觉得没有必要让孩子远离那些所谓的"坏孩子"，说不定自己的孩子还能影响别的坏孩子呢！考虑到这点，他们经常鼓励孩子和那些"坏孩子"交朋友。

因为父母的鼓励，维维经常和一些坏孩子待在一起。这些孩子们有很多不良习惯，比如抽烟、喝酒，还经常出入网吧、迪厅等娱乐场所。维维从和他们交往开始，就逐渐染上了陋习，因为他和这些孩子的交往是家长允许，甚至是鼓励的，所以他从没有觉得融入他们的集体有什么不对。

有一天维维回家很晚了，爸妈问起原因，他说因为要考试了，所以受朋友所托辅导朋友的功课。维维爸爸听了非常开心，但他不知道的是，自己的乖儿子对自己撒谎了，从来不撒谎的他和朋友学会了撒谎，实际上他们去游戏厅玩了。

没有几天，维维的爸爸就知道了真相，因为他的同事偶然间路过网吧门口，看到了叼着烟的维维。知道自己从不骗人的孩子竟然骗了自己，维维爸爸暴跳如雷，但是他很快又冷静了下来，思考孩子的变化，最后他明白自己错在哪里了。

孩子毕竟还小，很容易受影响，自己只想到孩子会去影响朋友，没有想过他也有可能受到坏孩子的影响。这天维维回来后，爸爸和他进行了一次深入的谈话，动之以情，晓之以理。在和父亲谈过话后，维维决定以后不和那些坏朋友玩了，也不再出入网吧了。

人和人之间的影响是相互的，孩子之所以容易变坏，有一部分原因是因为他们面对着一个未知的世界，因为好奇心驱使，孩子很可能去冒险，由此泥足深陷。让孩子带着朋友一起变优秀是所有人的理想，但这并不是一个单向的结果，还有一种结果是自己的孩子会变坏。因此，为了自己孩子的未来，家长必须要负起责任来，监督孩子的交友。

当然，这并不是说只有学习好的孩子才能成为孩子的朋友，而是要看孩子们的性格和品德。一个道德高尚的孩子，即便学习成绩不够优秀，多和这样的孩子交往，自己的孩子也会得到进步。那么家长具体应该如何做呢？

1. 培养孩子正确的是非观

孩子容易受影响，往往是因为他的是非观、人生观不够健全，还在发展当中，而支配一个人行为的往往正是他的观念。所以，家长要想让孩子远离那些坏孩子，只是限制是没有用的，毕竟家长不能一天 24 小时都监视孩子，这样还有可能让孩子产生逆反心理，所以家长应该要培养孩子正确的是非观。

比如看电视或书籍的时候，引导孩子判断好人和坏人，让孩子了解品行不好的朋友会带来怎样不良的影响，通过这样的方式让孩子从心里远离那些坏孩子。只有这样，家长才能真正放心地让孩子自由交友。

2. 多和孩子进行良好的沟通，告诉他父母的看法

孩子最受不了父母的唠叨、牢骚和抱怨。所以，在引导孩子择友方面，我们跟孩子进行沟通的时候，一定要避免引起孩子的反感，否则会让孩子觉得父母是在限制他、控制他的自由。那样会使他的反抗心理加重，父母的教育目的也就适得其反了。

良好的沟通是和孩子像朋友一样温和、平等地交流，彼此推心置腹地谈论如何辨别好人坏人，如何选择朋友。这样，就会在很大程度上避免孩子产生一些不好的行为和结交不该结交的朋友。

3. 了解孩子的交友动向

孩子心智不成熟，即便是父母对其进行了相应的教育，也还是难免出现判

断失误、交上一些坏孩子做朋友的情况。当我们发现这样的情况后，不要横加干涉，而是要以婉转的方式来引导。比如，我们可以有意识地避开孩子的实际情况，像讲故事一样讲一些类似的因交友失败而带来危害的例子，让孩子自己感受这种交友方式的不妥当。

创造条件，让孩子多接触外界的新鲜事物

总有很多父母，会产生这样一个疑惑："我已经很注意培养孩子的想象力了，可是为什么我依旧觉得他还是像一块木头？每天，我都告诉他……"

家长不知道，孩子的想象力可不仅仅是一两句话就能够创造出来的。事实上，想象是各种知识、各种事物之间的一种联想，如果头脑中不储存知识和事物，那联想就如空中楼阁，无法建立起来。

因此，脑海里没有任何知识和常识存储的孩子，怎么可能产生丰富的想象力？所以，家长应该多让孩子接触新鲜事物。只有身处新鲜的环境中，孩子才愿意开动思维，展开丰富的想象；只有不断遇到各种新鲜的事物，孩子才愿意去动手做、动脑想，渴望了解它，渴望掌握它。一个细小的好奇心，就会让孩子的想象力如海绵一般迅速吸水、膨胀！

所以，让孩子不断去接受新鲜的知识和事物，让这些事物不断给他刺激，这是每一个父母都应该做的事情。要始终记得，那些他熟悉的事物会逐渐让他感到乏味，让他的想象力减缓。

对于洛洛，父母可谓非常关心，然而这份关心却不是溺爱。在洛洛父母的身上，有着太多优秀的教育理念，例如对于想象力的培养。

"孩子，你应该多去接触些新鲜的东西！"

妈妈对洛洛说得最多的就是这么一句话。因此，洛洛的屋里总是有很多书。虽然因为年龄的限制，洛洛不可能一下子接触太多的新鲜事物，也不可能到太远的地方去体验生活，但通过这些书籍的阅读，他早已走出了国门。甚至，说起南极洲，洛洛也说得头头是道。

正因为如此，洛洛的作文总是最优秀的，那其中透出的种种幻想是同龄孩子完全无法比拟的。老师惊讶地说："洛洛，你为什么这么厉害？"

洛洛说："嘿嘿，那是！我的大脑走过了全世界，所以我当然会想到好多好多！老师，我好喜欢写作文。真的，我感觉我在用笔创造一个世界！"

当然，洛洛的生活除了书还有更多。每到假期，爸爸就会带着他去到处旅游。他去过西安的兵马俑，去过北京的故宫去过肇庆的七星岩，去过厦门的鼓浪屿……

通过旅行，洛洛对各地的幻想有了更加真实的认识。有一次在长城，他兴奋地大声喊道："爸爸快看，爸爸快看！我觉得这里会有一块突出来的砖头，结果是真的！"

爸爸笑着说："孩子真厉害，比爸爸的想象力还要高出一大截呢！"

到了周末，爸爸妈妈还会带着洛洛回到乡下的奶奶家。一到奶奶家，他就会兴奋地钻进田地里，和各种蔬菜打交道。自然地，在作文里他描写的乡下生活是最真实的。甚至，四年级的他还虚构了一篇关于农村留守儿童的短篇小说，并夺得了某作文比赛的冠军！就连见多识广的评委也说："我没想到，一个孩子能写出这样的文章。虽然他的文笔稚嫩，但其中对留守儿童的心理描写，却是那么深刻！我相信，就算大人也不一定比他强！"

这样的孩子在学校里当然就是一个明星。每天下午放学前，班里总会有不少小同学拽着洛洛，希望他能够再给大家讲一个故事，一个充满幻想、充满乐趣的故事……

洛洛的想象力和创新能力来自哪里？当然是来自于他接触到的新鲜事物。洛洛的父母为我们作出了一个很好的榜样，他们懂得开阔孩子的视野就能提高孩子的想象力。所以，父母应该给孩子创造条件，多接触新鲜的事物，才能激活孩子想象力的密码，进而提高孩子的想象力。

那么，父母们该让孩子通过何种途径、多接触哪些方面的新鲜事物呢？

1. 玩各种各样创意性的玩具

无论孩子长到多大，玩具对他们来说都有着巨大的吸引力。平时多给孩子买一些创意性的玩具，和孩子一起玩，以此激发孩子学习的兴趣，也能开发孩子的智力，让孩子的创造力得到培养。比如魔方、拼图、手工 DIY，等等。

小雷是一个性格比较内向的男孩，但是他身边有很多朋友，因为小雷是大家眼中公认的"心灵手巧"的孩子。他的想象力天马行空，他自己编的小故事非常受同学欢迎，而且他画画很好，他笔下的世界充满了想象力。这都要多亏他父母经常和孩子一起动手玩一些 DIY 的玩具。在家长会上，小雷的妈妈还和其他家长分享了这个宝贵的经验。

2. 参加各种各样的兴趣班

兴趣班也是孩子接触新鲜事物的一个途径，在兴趣班里，各种文化课的学习，音乐、舞蹈的学习，游戏等多种途径都可以培养孩子对新鲜事物的兴趣。在这些兴趣班里，还可以接触到一些新的朋友。

特别是一些艺术兴趣班，可以提升孩子的艺术修养，而艺术修养对孩子想象力的促进更有益。

3. 阅读各种各样的书籍

我们常说："读万卷书，行万里路。"读书和旅游是孩子接触新鲜事物最好的两种手段，但孩子们不可能经常去旅游，而读书却可以每天都进行。

因此，父母应该给孩子买各种各样有趣的书籍，让他们去接触过去、现在和未来的世界。在书里面，新鲜的事物太多了。不过不要给孩子买过于简单的书籍，太简单的书对他们来说就不是新鲜的事物了，只有那些让他们读起来似懂非懂、需要他们去研究的书籍才能充分调动他们的想象力。

4. 接触各种各样的自然环境

大自然里有着太多新鲜的事物，所以大自然也永远是孩子最向往的地方。春夏秋冬的四季变化，花开花落的自然更替，小猫小狗的各种乐趣……带给孩子太多的乐趣和遐想。

也可以带孩子走向更远的地方，高山海洋、草原沙漠、历史遗迹，这些都是孩子在平时的生活中接触不到的地方，对他们来说是如此的新鲜。在这样的自然环境里，孩子的眼睛不够用了，必须要调动他们的大脑、他们的心灵、他们的想象力，才能好好地体会。在这个时刻，孩子的想象力早就被激活了，他们在兴奋的心情中感受着这多姿多彩的世界。

"早恋"，给孩子带来了什么

随着社会的发展，孩子的"早恋"越来越成为一个问题凸显出来。早恋是一枚青涩的果，其危害及衍生的副作用已为人所共知。

志颖在一所重点初中读初一，一直很优秀，可是最近一次月考，成绩却一落千丈，在班级的名次就降了不少。爸爸妈妈很纳闷，经过对志颖的观察，发现志颖与同班里一位女生谈恋爱了。爸爸妈妈觉得必须谨慎地处理这个问题。

吃过晚饭，爸爸打开音乐，妈妈端来水果，营造了很轻松的氛围，召开了一个小小的家庭会议。

"孩子，我和妈妈这些天发现你和你们班一个小女孩交往挺密切，我们很想分享你的成长和喜悦。怎么样，跟我和你妈妈聊聊她。"

志颖听爸爸说要一起谈谈这个女孩，脸微微泛红。

"你喜欢她吗？"

"喜欢。"孩子低下头来，声音也放低了很多。

"孩子，爸爸想告诉你，喜欢一个人很正常。小时候你爱爸爸妈妈，随着年龄的增长，你对异性有好感，这就如树要发芽、长枝、开花、结果一样正常。爸爸相信你的眼光，但是，你现在刚上初一，你现在是喜欢她，但若将来你再见到一个比她更好的，你还会喜欢她吗？"

"这个问题我倒真的没有想过，不过我现在就是喜欢她，觉得跟她在一起很开心。"志颖挠了挠头，有点不好意思地笑笑。

"上初中时你很喜欢音乐，妈妈给你买了一个 CD 机，现在又给你买了mp4，那你原来的 CD 机不是早就送给表弟了吗?这是不是可以说明随着你年龄的增长，接触到的东西越来越多? 其实世界在变化，你眼前的风景也会一直变化，你会不断遇到更多更加优秀的女孩，选择的机会更多。"爸爸眼里含笑，注视着志颖。

"爸爸，我懂了……"志颖看着爸爸，无限感激。

此后，志颖把这份感情藏在心间，又像以前那样集中精力刻苦学习。

应该说，志颖父母的处理方式是智慧的，他们既保护了孩子敏感的自尊心，又让孩子明白了道理，圆满处理了孩子早恋的问题。成功跨过早恋的"坎儿"，让孩子明白了什么叫责任，什么叫等待。

孩子在集体当中生活，随着年龄的增长，他们对异性产生好感是正常的，在发现孩子早恋的时候，很多家长都只想着要让孩子断了这个念头，所以难免会失去理智。其实，家长完全可以心平气和地对待这个问题，这样才能让孩子真正地接受父母的建议。

1. 正确看待孩子的交友问题

有的家长对孩子早恋的问题异常敏感，只要发现孩子有关系比较好的异性朋友，就第一时间站出来反对，其实这是不正确的。因为孩子们之间的友谊都比较单纯，只是关系比较好而已，如果家长不分青红皂白就冤枉孩子，那么有可能起到反作用，最终弄假成真。

家长在面对孩子交友问题的时候不要太过紧张，要客观地看待孩子的朋友们。只有家长坦然了，孩子才会接受家长的教育。

2. 想办法帮孩子转移注意力

如果孩子早恋，家长除了说服教育之外，还可以想办法转移孩子的注意力，毕竟早恋并不是真正的爱情。

玲玲妈发现玲玲早恋了，她并没有强硬地制止和呵斥女儿，而是更加关心她的日常起居。她一直喜欢美术，妈妈就给她买了许多画册，同时节假日还带她去看画展，看艺术演出。她说要报漫画班，妈妈就陪着她去。渐渐地，玲玲和那名男生的关系越来越淡，因为对于她来说，还有更重要的事情去做。

信任孩子，鼓励他发展自己的兴趣爱好，孩子的生活就会充满情趣，不会仅仅把自己的眼光局限于男女私情了。

3. 和老师做好沟通

父母要经常和老师保持联系，及时了解孩子在学校的情况，共同帮助孩子从思想上提高认识。家长要告诉孩子，人生关键处只有几步，青少年时期是学习的黄金期，只有努力学好本领，将来才会有美丽的人生。

网络是把"双刃剑"，帮孩子筑一道"防火墙"

随着科技越来越发达，网络已经覆盖了全球，以前消息闭塞，现在无论什么信息都可以通过网络得知。虽然对于人类文明来说这是一个巨大的进步，但是从另一方面来说，网络也是一柄"双刃剑"。

除了我们想要知道的各种信息之外，很多负面信息也是通过网络传播的。网络的环境比较复杂，为了孩子能够健康成长，家长更应该杜绝网络上那些不良信息对孩子的侵扰。只有家长帮孩子构筑出一道"防火墙"，才能让孩子在网络环境中健康成长。

美美是一个性格有些内向的女孩子，她不善言谈，也不知道要怎样融入到集体当中。但是到了网络上，美美就像变了个人似的，和聊天室、论坛的人谈天说地，丝毫看不出她上学时沉闷的样子。

以前，美美一直很内向，她的朋友只有书籍，时间久了不和同学交往，自然有一种被排除在外的感觉。渐渐地，美美从论坛上认识了很多志同道合的朋友，在那里都是虚拟的身份，也不用担心自己不好的一面被别人知道，这样美美越来越依赖网络。

如果说以前电脑只是美美查阅信息的工具，那么现在电脑俨然已经成了她的朋友。每天写完作业，美美就会进入聊天室和大家说一天当中的新鲜事，看着自己女儿学习成绩没有下降，父母也没有太过干涉美美。

但是有一件事情却改变了美美父母的看法，因为在美美升入五年级之后，他们偶然在美美身上发现了伤痕。刚开始美美说是自己不小心划的口子，她的父母也就没太在意，但是渐渐地他们觉得不对劲了，因为孩子身上的伤口不但没有减少，反而越来越多。

怀疑得越深，美美的爸妈就越不放心。终于，美美的妈妈察看了孩子的电脑浏览记录，发现孩子经常浏览一个以自残为主题的贴吧。这个发现让美美的父母惊出了一身冷汗。

现在是信息社会，网络发达，孩子们通过网络可以知道任何他们想要知道的信息。有的时候，一些不良信息也会被孩子知晓。

另外，孩子们的物质生活已越来越丰富，但人际交往越来越少，他们心理上常常有孤独感，为了驱逐孤独感，就很容易选择上网游戏，建立虚拟空间的人际交往。虽然这可以弥补孩子心灵上的空虚，排遣孩子的寂寞，但是网络毕竟是一个虚拟的交往平台，很多不良信息正是通过这个途径传递的，有些坏人甚至将网络当成作案工具。因此，家长应该要为孩子营造一个健康的网络环境，让孩子远离网络中的不良信息。

1. 家长要学习网络知识

想要帮助孩子，家长就要先了解网络，一味地避免孩子与网络接触是不可能的，这样只能让自己的孩子落伍。但是，如果家长能够和孩子一起上网，就能引导孩子远离那些坏人和负面信息了。

小成最近迷上了网络游戏，妈妈多次劝阻小成都不听，他觉得妈妈不理解他，在网络游戏当中，他体验到了"英雄"的感觉，只有在这里他才觉得自己是无敌的。爸爸知道后，他没有怒骂儿子，而是和小成在游戏当中进行了一次"对战"，结果小成输了，输得心服口服。这个时候，小成的爸爸给小成讲了一下游戏攻略，通过这些激起了孩子学习的兴趣。渐渐地，小成不仅从游戏中的打打杀杀走了出来，在父亲的引导下他还开始用电脑查阅资料了。

想要让孩子接受自己的教育，那么就要先了解孩子，像小成父亲那样，他通过了解网络，引导孩子渐渐从游戏中走出来，并用网络进行学习。所以说，家长想要教育孩子，就要先给自己"充充电"。

2. 不能禁止孩子上网

有的家长对网络存在偏见，认为它的存在会严重影响到孩子的成长，但是如果禁止孩子上网的话，那么就是将孩子推向了网吧。

如果家长固执地认定网络是"害虫"，那么孩子和家长之间就出现了一道不可逾越的鸿沟。站在对立的位置上，家长说什么孩子都不会听从了。所以，家长不能单纯地禁止孩子接触网络，而是应该和孩子一起学习，这样才能更好地监督孩子，避免不良信息侵蚀孩子。

3. 鼓励孩子多交友

有些孩子沉迷于网络当中，渐渐地远离了现实生活，这对于孩子的未来是非常不利的。所以，家长应该让孩子在现实生活当中多交朋友，驱散心中的寂寞，以避免孩子过度沉迷网络。家长可以带着孩子多参加一些集体活动，平时多带他们到外面去见见世面，这样都有利于排遣孩子内心的孤独，让孩子渐渐开朗起来。

4. 家长要成为孩子的朋友

最好的监督就是和孩子站在一边，多和孩子交流，成为孩子的朋友。这样，在孩子遇到问题时你就会第一时间知道，而不用像"侦探"一样去窥探孩子的生活，引起他的反感。

"追星"要理解，更要引导

在当今社会，随着传媒的大力发展，孩子们所接触的范围变广了，他们通过电视、网络认识了很多人，那就是他们心中的偶像。因为孩子的追星，很多家长都感到非常头疼。

说到这里家长们不妨回想一下，在青少年时代，自己是否有过崇拜的人？如果回答是肯定的，那么希望你能将心比心来看待孩子的追星行为，而不要将其视为洪水猛兽痛打狂批。有了这份情怀做铺垫，那么相信下面的内容会对你，以及你的孩子有所帮助。

　　孩子成长到一定阶段，会很容易受外界因素的影响，并随之改变。而对他们有着最直接影响的除了日日相见的父母，可能就是电视电影或者网络里出现的"明星"们了。

　　我们发现，有很多父母在对孩子崇拜偶像的事情上不知如何是好，往往会采取压制或强迫他放弃的行为。殊不知，这样非但不会起到良好的效果，反而让他产生更大的逆反心理，变本加厉地认为只有自己的偶像才是最好的。

　　孩子有时追星实际上是一种理想中的天真，这时候，父母不妨跟他一起做一回"粉丝"。这样既可以了解孩子追的是谁，到底看上了对方的哪些方面，也可以让孩子产生父母和自己统一战线，原来自己的眼光真不错等想法。同时，父母也就更有"权力"来谈论孩子所追的偶像，拉近和孩子的距离。

　　晨晨有一个智慧的妈妈，对于晨晨的"粉丝"生涯，妈妈施展出了自己的独家"秘籍"。

　　有段时间，妈妈发现儿子特别喜欢一位明星，明星的每一张新专辑都要第一时间买回来，并收集了很多关于明星的照片和生活资料，成天唱着他的歌。这些事或多或少占用了儿子的精力，使他的学习成绩有所下降。为了让儿子不耽误学习，妈妈想到了和他一起成为这位明星的"粉丝"。她开始主动为孩子买他的唱片，并跟孩子一起听，有时还会和儿子谈论关于偶像的话题，没想到，几次之后，晨晨便把妈妈当成了"同盟军"。这时候，妈妈觉得时机已到，于是她开始为儿子讲解这位明星当初是如何成为歌星的，从他开始的默默无

、

闻，到他刻苦练功、屡受挫折毫不气馁等开始讲，直到告诉儿子，他的成功是付出很多代价，作了很多努力后才获得的，同时引导儿子喜欢明星并不是目的，最终的目的是要学习他的精神，在任何方面努力进取，争取也成为这样的人。

晨晨听了妈妈的话，也想学习音乐，妈妈说："我可以为你报一个音乐特长班，但条件是你必须把学习成绩赶上去。"为了将来能够在音乐上获得成绩，晨晨开始努力学习，并利用业余时间练习声乐。初中毕业的时候，他不仅拿到了全区青少年组演唱的冠军，而且还考上了一所重点高中。

面对孩子追星的问题，假如父母一味地强制他放弃，扔掉他搜集的明星资料，或不给他买唱片的钱，最终一定会适得其反。如果学习一下晨晨妈妈的做法，则必定会收到良好的效果。

此外，父母还要知道，孩子对于偶像的崇拜并没有你想象的那么狂热，今天他可能喜欢这个演员，明天喜欢那个球星，后天就可能开始欣赏某个作家，等等。也就是说，他们的追星经历往往有着暂时性和过渡性，一段时间后，可能会逐渐减弱，也可能换成了别人。因此，父母在看到孩子"狂热"的追星表现时，大可不必过分慌张，只需对他崇拜偶像的行为进行正面引导，让他将这种崇拜转化为努力的动力，就会对他良好行为的塑造起到正面影响。

1. 正确看待孩子的追星行为

对孩子们而言，"追星"实际上是一种对榜样的认同和学习。因为他们往往会把自己所崇拜的明星当作自己人生发展的参照、楷模以及心灵的寄托。对于身处成长阶段的孩子们来讲，崇拜偶像是他成长过程中的必然现象，要求他拒绝偶像是不现实的。如果父母发现孩子的追星仅限于收藏几张他喜欢的明星照片，听一些明星演唱的歌曲，搜集明星的一些生活资料，完全没有必要大惊小怪、横加干涉，因为这未尝不是一件好事。

袁岳的父母都很严厉，尤其在袁岳的学习上。袁岳每天都觉得很累，偶然的一个机会，他听了一首来自欧美的歌曲，从那之后，袁岳便喜欢上了嘻哈音乐，并收集了很多说唱明星的海报。看见孩子这样，袁岳的父母认为孩子不务正业，要误入歧途了，所以不由分说便没收了他的唱片，撕了他的海报。从那之后，袁岳的成绩下降了，和父母之间也很少交流。

孩子在紧张的学习之余，通过"追星"这一手段适当放松和休息，让生活更加多彩，也是很有意义的做法。只要做得不过火，父母就可以冷眼相看，偶尔给予提醒，不用太过紧张。

2. 合理运用明星效应

每个明星都有值得学习的地方，只要父母在发现孩子崇拜某个明星的时候，及时加以正确引导，就能让孩子的"追星"行为成为他前进的动力。

3. 预防孩子"不健康地追星"

由于孩子心理还不够成熟，容易感情冲动，为此他们可能会做出一些不够冷静的事情。比如看到自己迷恋的明星和别人在一起，感觉闷闷不乐、精神沮丧，或看着心目中漂亮的女明星，产生身体上的冲动等。一旦出现这种情形，必定会影响到孩子的学业和身心健康发展，这时父母就要提起重视了。

父母要做到及时发现，尽早杜绝，并给孩子讲清楚明星"包装"的内幕，告诉他其实明星和正常人并没太多不同，很多明星都是媒体包装出来的，这不过是一种广告行为，教导孩子要按照正常的轨迹学习和生活，不要深陷其中而不能自拔。

沾染不良风气，认为抽烟喝酒是耍"酷"

现在青少年抽烟、喝酒也成了一个社会问题，很多家长不知道自己的孩子是什么时候染上了这样的不良风气。其实，很多家长在知道孩子抽烟喝酒之后都感到吃惊，之后就是愤怒。其实仔细想想，家长也有着不可推卸的责任。

孩子什么时候接触的烟酒很多家长都不知道，在孩子小的时候，他们都觉得那些抽烟、喝酒的孩子家庭教育有问题，自己的孩子非常乖，一定不会沾染这些不良风气。但是当有一天发现自己的孩子也是其中一员的时候，很多家长除了觉得受到了巨大的刺激之外，更会感到手足无措。

事实上，很多孩子接触烟酒都是偶然的，当成为一种习惯之后，孩子自己想改都难了。

小宇的性格比较内向，因此朋友也比较少。他内心里十分渴望交到很多的朋友，使自己成为一个受欢迎的人。有一天，小宇去参加一个朋友的生日聚会。当时有很多的同学都在，而且还是都端着酒杯，一副很自然的样子。这时候，一个朋友拿着酒瓶来到小宇旁边，准备往他杯子里面倒酒，小宇忙掩着杯子说："我不会，我不能喝酒……"

倒酒的朋友瞪了他一眼，说："你不喝，可就是不给我面子!"

旁边的同学也纷纷劝他说："大家都在喝，你一个人不喝多不好。"

"不会喝没关系，喝一次以后就会了嘛。"

小宇不知道该如何拒绝他们，最后杯子终于被满上了酒。大家碰杯的时候，他也被迫站起来，碰过杯，喝了一口，辣得眼泪都流出来了……

后来，有一天下午放学，小宇和一个同学一起回家，那名同学神秘兮兮地拿出一根香烟，给小宇看了看，然后动作很熟练地点燃，抽了起来。小宇看他陶醉的样子，问他是什么感觉。那名同学只笑了笑，什么也不说。

回家后，小宇也偷偷地从父亲的烟盒里拿出一根来，叼在嘴上。在犹豫了片刻后，小宇对自己说："我就抽一根，感觉一下，不会上瘾的。"第一次除了呛得难受，没找到什么感觉，于是第二天，他又手痒，又去偷了一根。过了不久，小宇发现，自己竟然哪天不抽就觉得有点不舒服了。

烟酒对人的身体都有巨大的危害，这些道理不仅大人们懂，孩子也都明白，但是明白不等于理解。在发现孩子和烟酒有染的时候，家长除了愤怒之外，应该要冷静下来想一想对策，只是粗暴地教育没有用。那么孩子为什么会接触烟酒呢？

家庭环境是其一，外部环境是其二。如果孩子所处的环境不够健康的话，那么孩子接触这些的机会也就多了很多。那么是什么原因驱使孩子受环境影响呢？孩子的好奇心不能忽视，对于他们来说，未知的一切都是新奇的。烟酒不像毒品，国家没有明令禁止，所以孩子们也不觉得尝试有什么问题。

另外，孩子对烟酒的认识不够正确，在他们眼中，这可能是"成熟"的标志，抽烟喝酒非常"酷"，如果是这样的认知，那么家长就应该要注意了。除此之外，孩子接触烟酒还可能是受朋友影响，无论是哪一种原因，家长都应该及时制止。比如可以从以下几方面入手。

1. 帮助孩子认识到烟酒的危害

不要认为烟酒离孩子的世界很遥远，其实它就存在于孩子的周围，所以在孩子自我意识形成的阶段，就要让孩子知道烟酒对他们的危害，这样才能让他们远离那些不良影响。即便孩子已经有了这些不良习惯，家长也不能放弃，这只能说明孩子对于烟酒的危害认识还不够深刻。家长可以多给孩子讲一些烟酒方面相关的知识，让孩子认识到烟酒的危害，这样孩子也会配合家长，戒除这些不良习惯。

更重要的是，家长一定要让孩子认识到一点，就是抽烟、喝酒不代表"酷"，将孩子偏差的认识引导到正途上，孩子才能远离烟酒的侵害。

2. 减轻孩子的压力

家长理智地对待孩子的问题才是正确的态度，如果孩子沾染了恶习，那么家长应该要找到孩子染上恶习的源头，是不是因为压力过大。

晓峰最近开始抽烟了，当然，他的这个行为是背着父母的，因为他的家教非常严。现在晓峰马上面临小升初，学习压力非常大，而他的父母从小就对他寄予厚望，希望他能出类拔萃。为了将自己的孩子培养成人才，他的父母没少因为意见分歧吵架。晓峰压力越来越大，偶然的一次机会，他的朋友递给了他一支烟，抽烟的时候晓峰感觉什么烦恼都没有了。也是从那时起，晓峰染上了烟瘾。

在家长眼中，孩子所面临的境遇永远微不足道，但是不要忘了，孩子们面临的可是他们未曾遇到过的事情。所以，家长不应该给孩子太大的压力，而是要多观察孩子，和孩子谈心，及时纾解孩子的压力，引导孩子远离烟酒的诱惑。

3. 要切断使孩子染上吸烟坏习惯的污染源

家长要引导孩子多参加社会上的公益活动，掌握他们在社会上活动的时间和内容，防止他们经常和吸烟的伙伴来往，还要取得学校领导、老师和同学的配合，经常查询孩子是否有吸烟迹象，实行共同监督。

4. 家长要以身作则，不吸烟或戒烟

大多数孩子之所以吸烟喝酒是和父母的烟酒分不开的。每位父母都要认识到，吸烟喝酒确实对健康有很大危害，一支烟中的尼古丁可以毒死一只老鼠。世界心脏联合会主席马里奥马拉纳奥强调，到2030年，吸烟将超过吸毒、艾滋病和其他疾病成为导致死亡和丧失劳动能力的主要原因。这些数据充分说明吸烟的危害确是很大的。为了你的健康，同时也为了孩子们的健康，家长应该带头不吸烟。

黄色书刊影像，成了孩子放不下的"诱惑"

孩子总有一天都会长大成人，对于成长中的孩子们来说，成人世界当中总是有很多他们想要探索的秘密，比如"性"。当孩子进入青春期后，他们对于"性"这个话题的关注度也开始急剧增加，再加上他们身体的变化，使得他们对性充满了好奇，也开始主动地去了解这方面的知识。

事实上，孩子从书本和家庭教育当中了解的相关知识非常少，因为我国对性教育的重视度还不够，而家长们通常又会避讳这个问题，认为小孩子不该了解这些。因为这些错误观念，使得一些黄色影像书刊钻了空子。

小勇的父母一直对他管教很严，在家里从不让他碰电脑，即使查什么资料也都是父母代劳。爸爸妈妈认为，这样就能杜绝孩子接触网络，也就可以避免

孩子遭受网络上不良信息的侵害了。

可是，让他们没想到的是，在家里不碰电脑的小勇，却成了学校附近网吧的常客。

几个月前，小勇受同学豪豪的怂恿，开始在课间和周末等时间去网吧玩游戏。有一次，小勇刚走进网吧，发现有一个大孩子正在看一些赤裸的图片。顿时，小勇心跳加快，手心冒汗。这可是12岁的他从没见过的影像啊！当小勇找到自己的座位准备玩游戏后，眼前还是不断地浮现刚才看到的画面。小勇在心里想，自己真是个坏孩子。可是就算说自己一万遍"坏孩子"，小勇还是无法抹去对那些图片的"回忆"。

几天之后，小勇实在忍受不了这种"煎熬"，就在一次去网吧玩的过程中，尝试着搜索黄色的图片和视频。

这些东西对于刚刚进入青春期的小勇来说，简直太刺激了。他越来越迷恋，以至于上课、吃饭、睡觉的时候都想着这些东西。

这时候，小勇的爸爸妈妈却还一直以为自己控制得好，认为小勇不会像其他孩子那样接触网络。所以，当他们看到小勇偶尔出现魂不守舍的样子时，也认为孩子可能学习压力大导致的。

直到有一天，学校老师打来电话，严肃地告知了他们这样一件事后，他们才恍然大悟。原来，在一次下午放学后，小勇趁着低年级女生琼琼独自一人回家的机会，对琼琼进行了跟踪，并在一个没人的小胡同里，试图对琼琼进行猥亵。幸好有一位老师经过此处，这位老师赶紧制止了小勇的行为，并把他们俩带回了学校，交给了校领导……

由这个例子，家长应该明白了，并不是家长避讳对孩子进行性教育，孩子有一天就能够自己懂得的。通过那些色情书刊、成人影像，孩子确实了解到了他们想要了解的知识，但是这些信息很可能会让孩子的认知出现偏差。

就像小勇，他因为受到了不健康内容的影响，才引发了心理上的问题，差一点犯了罪。在孩子成长的过程当中，家长一直承担着教育者和引导者的角色，在适当的时机应该对孩子进行教育，否则孩子进入大环境，可能会接收到一些不良信息。家长毕竟无法控制外界环境，那么要怎样做，才能引导孩子健康成长，避开那些不良诱惑呢？

1. 时刻留意孩子的精神状态

孩子的成长需要家长的关注，因为孩子的成长总是潜移默化的。如果孩子出现精神恍惚的时候，家长就应该要注意了，不要一概而过，以为只是小问题。成长当中的孩子是敏感的，他们的一些变化很可能代表着其内心状态，所以家长要多观察。

不过需要家长注意的是，发现孩子阅读成人书刊的时候要理性对待，不能粗暴地教育他，更不能用一些侮辱的言辞，比如"下流""无耻"，等等。成长当中的孩子对性产生好奇是很正常的，如果家长用这些言语，必定会有损孩子的心理健康。如果孩子在阅读成人书刊，那么家长应该和孩子谈一谈，他为什么喜欢这些书刊，他想要了解的知识是什么，从而对孩子进行引导，让孩子走出成人影像书刊的诱惑。

2. 避免孩子接触不良信息

家长虽然不应该避讳对孩子的性教育，但也不能放任孩子自己去了解，因为那些色情网站或者书刊有很多负面的信息，对于成长当中的孩子危害很大，家长应该要杜绝。

比如家中的电脑，家长应该装一些绿色软件，过滤网上的信息。最好是在电信骨干网上对色情信息进行根本性拦击，从而避免孩子在上网时接触到那些不健康的信息，免除色情网站对孩子的诱惑。

3. 加强性教育，从根本上满足孩子对于性的好奇心

孩子之所以迷恋这些不健康的东西，根本原因是他们对性的求知欲和神秘感得不到有效地排解，因此只能"自谋出路"，进而投向了成人刊物和色情网站的怀抱。如果孩子沉溺于其中，家长们可以建议他们要有选择地阅读一些科学健康的性知识的读物，破除对性的神秘感及错误观念。

在知识普及的同时，还应注重个性化问题的咨询辅导，在提出应该做什么、禁止或不能做什么的同时，还要明确地告诉他们应该怎样去做，从而避免他们盲目摸索、尝试或从色情商品中学习扭曲的两性关系。加强性教育，满足孩子对于性的好奇心是杜绝孩子接触不健康信息的最根本，同时也是最有效的策略。

毒品的危害，不妨多跟孩子说说

很多家长认为毒品距离我们的生活非常遥远，因此，很多家长都不会对孩子进行这方面的教育。但家长不知道的是，青少年占我国吸毒总人数的70%还多！

为什么青少年吸毒这样猖狂呢？这和他们所处的大环境有关系。即便家教再严，但外部的环境是家长无法控制的。现如今，吸毒人员已经呈现低龄化趋势在发展。也就是说，越来越多的孩子接触了毒品。

为什么孩子们会想要吸毒呢？仔细想想就不难理解，因为他们正处于一个探索的年龄，对周围的一切都充满了好奇，他们想要尝试新鲜事物。如果家长

没有告诉过孩子毒品会有怎样的危害，那么在他们接触毒品之后很有可能因为好奇而泥足深陷，到时，家长们后悔都来不及了。

佩佩家境良好，她的父母经营着一家很大的公司，平时佩佩有大把大把的零花钱。而且佩佩的父母即使工作繁忙，也从来没有忽略过女儿的感受，他们尽可能地多抽时间陪孩子。但是随着孩子年龄的增长，佩佩似乎想要和朋友在一起玩的时间更多。

以前佩佩的父母是反对孩子晚归的，但是他们认为西方教育都会给孩子充足的自由空间，他们也决定这样做，所以很快佩佩就获得了自由。在佩佩的班上有几个"小太妹"，平时看佩佩出手阔绰，就和佩佩走得比较近。对于女儿的交友问题，佩佩的父母也从来没有干涉过。

有一个周末，那几个"小太妹"约佩佩出去玩，她们说要带佩佩见见世面。就这样，她们一起去了一个酒吧。虽然未成年人禁止入内，但是佩佩的这几个朋友倒是有办法，没一会儿就混进去了。里面灯光闪烁，佩佩第一次喝了酒。在喝酒之后，一个女孩神神秘秘地拿给了佩佩一个小药丸，告诉她这个药丸吃下去会非常舒服，说完这个女孩子就吞了一个。

看着朋友吞了药丸，佩佩也将小药丸吃了，吃完之后没多久她就觉得飘飘忽忽的，感觉非常兴奋。从那之后，佩佩就变了，她经常和朋友出入酒吧、迪厅，吃摇头丸，随着胆子越来越大，她还开始吸食冰毒。发现女儿的零花钱越花越多，佩佩的父母开始起疑心了，终于在一次跟踪后发现了女儿吸毒的行为。

这让佩佩的妈妈非常受打击，她不明白，自己和佩佩的爸爸从来没有疏于对孩子的管教，怎么孩子就会沾染上毒品了呢？而且看起来孩子并不知道自己做了多么可怕的事情。最终佩佩的父母为了孩子的未来，强行将她送进了戒毒所。

没有人愿意将自己的孩子送进戒毒所，这对他们的未来而言一定是一段异常痛苦的回忆。

毒品屡禁不止，为了孩子的未来，家长应该要主动出击，从源头制止。怎样让孩子远离毒品呢？外在环境难以改变，家长就应该让孩子提前认识毒品，知道毒品对身体和精神的危害。

1. 给孩子普及一些毒品的知识

孩子接触毒品不仅仅是因为好奇，还有一部分原因是他没有认识到毒品的可怕，如果真的等到孩子接触毒品再对他进行教育，那就晚了。孩子可能和家长一样，觉得毒品离自己的生活很遥远，这个观念是错误的，所以家长要从小给孩子打"预防针"。

强子刚刚升上初一，最近他的父母发现孩子时常心不在焉，有一次他们从孩子的口袋里翻出了一个小袋子，袋子中有几粒药丸。这个发现把强子的妈妈吓坏了，她马上叫来儿子质问，僵持了好久强子才说那是摇头丸。强子的妈妈听了非常震惊，之后哭着问儿子为什么吸毒，没想到强子反而一脸天真地反问："摇头丸也是毒品吗？"

其实很多孩子接触毒品正是因为对毒品的了解不够，这更需要家长的引导，让孩子认识到什么是毒品。家长可以让孩子看一些影像资料，或者给孩子讲一些新闻实例，以这些打消孩子对毒品的好奇心。

2. 要限定孩子的活动场所

给孩子的成长留些空间，给予他们一些自由是好的，但是没有绝对的自由，任何自由都应该有范围。如果家长从来不限定孩子，那么孩子有可能去那些对他成长不利的场所，比如迪厅、酒吧、卡拉 OK 等地方。

从新闻里也应该发现了，那些声色犬马的娱乐场所经常是毒品交易的地点，而成长当中的孩子还不能很好地控制自己。所以，要尽可能避免孩子出入这些场所，以免和毒品接触。

3. 多关注孩子的交友问题

有很多吸毒的孩子开始都是通过朋友接触的毒品，这可能是一种从众心理，如果朋友一再激将的话，成长当中的孩子就很容易吸毒。虽说孩子交友应该自由，但也要避免孩子跟那些会影响他的人来往。比如，孩子的朋友当中有经常出入娱乐场所的，那么家长就应该要注意了。当然，以家长的威严管制并不会有效，还有可能引起孩子的反叛心理，所以家长应该多观察，从细微之处找方法。

比如，家长可以多从侧面入手，给孩子讲一些关于毒品、少年犯的案例，为孩子敲响警钟，有必要的时候也要直接提醒孩子注意交友问题。